# 놀면서 배우는 경제

김솔 지음

가림출판사

# 놀면서 배우는 경제

김솔 지음

가림출판사

많은 종류의 정보가 넘쳐나고 있는 세상입니다. 그 중 무엇보다 우리 생활과 뗄 수 없는 것이 '경제'와 관련한 정보입니다.

그동안 증권, 은행, 펀드, 신용 등 경제·금융과 관련한 용어들은 경제를 어렵게 느끼게 하는 요인으로 작용해왔습니다. 이것은 학생들 뿐 아니라 경제를 주제로 수업하는 선생님들에게도 마찬가지라 생각합니다.

필자도 '경제' 하면 왠지 어렵고, 여러 가지 복잡한 개념들로 가득 차 있으며, 학생들이 이해하기에는 뭔가 어려운 영역이라는 생각을 10년 교직 생활 동안 줄곧 해오곤 했습니다. 단순히 경제와 관련한 내용을 손쉽게 주입식으로 전달할 수도 있지만, 체험이 뒷받침되지 않는 지식은 결코 오래가는 산지식이 될 수 없기 때문입니다.

이 책은 아이들과 선생님들에게 이러한 문제를 해결하는 데 하나의 실마리를 제공하고자 집필한 것입니다. 이 책에 기록된 다양한 놀이와 체험 활동을 따라하다 보면, 경제와 관련한 수업이 결코 따분하거나 어렵지 않고, 매우 재미있다는 것을 아이들과 선생님들이 모두 느끼게 되리라 믿습니다.

이 책은 초등학생들이 부담 없이 놀면서 세상과 경제가 어떻게 맞물려 돌아가는지를 하나하나 차근차근 찾아가도록 하는 데 목적을 두었으며, 결코 경제에 관련한 잡다한 지식을 일방적으로 강요하기 위해 기술한 것이 아님을 밝힙니다.

본문은 크게 두 개의 마당과 부록으로 구성하였습니다.

첫째 마당 '놀이로 하는 경제 탐험'에서는 시장 들여다 보기, 경매로 물건 구입하기, 홈쇼핑 살펴보기, 도전! 2000원의 행복, 도전! 경제 퀴즈왕, 모의 주식 투자 놀이라는 활동을 하며, 다양한 경제 체제를 실제로 체험하고 경제 · 금융의 속성을 파악하도록 하는 데 주력하였습니다.

둘째 마당 '조사와 체험으로 하는 경제 탐험'에서는 주식 시세, 금융 상품 종류, 금융 기관, 여러 가지 돈, 영수증, 세금, 상품 가격 등 일상생활에서 쉽게 접하는 주제에 관해 조사하고 체험하며 알아보는 활동으로 구성하였습니다.

마지막으로, 이 책이 완성되기까지 노력해 주신 가림출판사 여러분들과 오랜 시간 출판을 기다린 아내(이정원), 아들(김정현), 그리고 항상 부족한 아들을 애정으로 대해주신 아버지와 글쓰기의 즐거움을 처음 알게 해 주신 어머니께 감사의 마음을 전하고자 합니다.

2007년 8월

김 솔

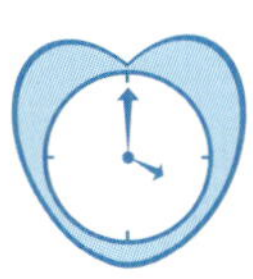

# 첫<sup>째</sup> 마당

# 놀이로 하는 경제 탐험

지금부터 경제 나라 탐험을 떠나보도록 할까요? 이번 마당에서는 놀이를 하며 경제 탐험을 떠나보도록 하겠습니다. 경제 나라는 매우 넓고도 재미있는 곳입니다. 이 나라에서는 여러 가지 다양한 경제 활동이 이루어지고 있습니다. 하지만, 탐험을 떠나기 전부터 부담을 느낄 필요는 없답니다. 이 책을 한 장씩 넘길 때마다 여러분은 어느새 경제 나라에 성큼 다가와 있음을 조금씩 느끼게 될 것입니다. 지금부터 자신감을 가지고 경제 나라로 떠나보도록 하겠습니다. 자, 출발해 봅시다!

# 1. 시장 들여다 보기

###  놀이 안내

물건과 물건을 거래하는 곳을 시장이라고 말합니다. 시장은 매우 다양한 형태로 존재하고 있습니다. 그리고 증권시장, 선물시장에서부터 재래시장에 이르기까지 다양한 상품이 거래되고 있는 공통점을 가지고 있습니다.

시장 놀이에서는 재래시장을 중심으로 하여 수요와 공급의 변화에 따라 가격이 결정되는 과정, 그리고 가계, 기업, 정부의 경제 활동에 관한 전반적인 흐름을 알아보도록 하겠습니다.

## 🎲 놀이 방법

### 필요한 인원 🐸

30~40명 정도의 학급 단위 인원이 참여하기에 적정합니다. 인원이 부족하면 모둠별 참여 인원을 줄여서 할 수 있습니다.

### 놀이 시간 🕐  40분

### 준비물 📦

**가계 모둠**

- 모의 화폐(부록 : 자료 2) – 모의 화폐는 직접 만들거나 문방구에서 구입할 수 있습니다.
- 거래 기록표(부록 : 자료 1) – 정부(세무서), 기업(소매상)과 거래한 내용을 기록합니다.
- 통장(부록 : 자료 3) – 은행 등과 거래한 내용을 기록합니다.

**기업 모둠**

- 모의 화폐(부록 : 자료 2)
- 거래 기록표(부록 : 자료 1) – 정부(세무서), 기업(도 · 소매상)과 거래한 내용을 기록합니다.
- 통장(부록 : 자료 3) – 은행 등과 거래한 내용을 기록합니다.
- 거래할 상품 – 상품은 학급 개인당 5점 정도 준비하여 도매상 모둠에게 제공합니다.

- 모의 화폐(부록 : 자료 2)
- 거래 기록표(부록 : 자료 1) − 가계, 기업(도 · 소매상)과 거래한 내용을 기록합니다.



- 모의 화폐(부록 : 자료 2)
- 거래 기록표(부록 : 자료 1)

## 놀이는 이렇게 

## 01

모둠을 세무서(2~3명), 은행(2~3명), 가계(10명 내외), 기업(도매상 4명, 소매상 20명)으로 나누어 봅니다. 모둠별 인원은 놀이에 참여하는 전체 인원의 비율을 고려하여 적당히 조절합니다.

# 02

기업 모둠을 다음과 같이 각각의 작은 모둠으로 나누어 봅니다.
도매상은 2명씩 1개 팀을 이루어 2개의 도매점을 운영하도록 합니다. 소매상은 2명씩 1개 팀을 이루어 총 5개의 소매점을 경영하도록 합니다.

# 03

놀이 시작 후 5분이 지날 때까지는 도매상과 소매상 사이에서 기업 간의 경제 활동만 이루어지도록 합니다.

| 도매상 – 소매상 거래 | 0~5분 |
| --- | --- |

| 가계, 기업, 정부 경제 활동 | 5~35분 |
| --- | --- |

| 평가 | 35~40분 |
| --- | --- |

## 04

놀이를 시작한 지 5분 후 소매점에
어느 정도 상품이 갖추어지면 소매
점과 가계(고객)가 거래를 시작합
니다.

## 05

35분이 지난 후 거래를 중지하고 가
계, 기업, 정부의 경제 활동을 평가
합니다(5분간 모둠별 경제 활동을 평
가합니다).

## 06

세무서는 정부를 대표하여 가계와 기
업을 대상으로 세금을 걷을 수 있습
니다.

# 07

은행은 가계, 기업을 대상으로 돈을
빌려주고 이자를 받을 수 있습니다.

※ 규칙에 제시하지 않은 사항은 모둠별 협상으로 결정합니다.

## 유의할 점

- 반드시 시간을 지키도록 합니다.
- 놀이 규칙을 지키며 참여합니다.

## 생각해 보기

- 물건 가격은 무슨 방법으로 결정하였습니까?
- 물건 가격은 언제 올랐습니까?
- 물건 가격은 언제 내렸습니까?
- 세무서는 시장에서 어떤 역할을 합니까?
- 만일 은행이 없다면 시장에서 어떤 점이 불편할까요?

상품의 가격은 항상 변합니다. 예를 들어, 태풍과 같은 자연재해로 채소나 과일의 수확량이 줄어들면 가격이 올라갑니다. 반대로, 과일이나 채소의 생산량이 지나치게 증가하면 가격이 내려갑니다. 이것을 수요(사고자 하는 사람)와 공급(팔고자 하는 사람)에 의한 가격 결정이라고 합니다.
보통 수요가 많으면 가격이 올라가고, 공급이 많으면 가격이 내려갑니다. 사람들은 가격을 수요와 공급이 만나는 중간점에서 결정합니다.

우리는 흔히 시장하면 재래시장을 떠올립니다. 주로 현금을 이용하여 사고파는 활동이 이루어지기 때문입니다. 그러나 재래시장은 시장의 아주 작은 일부분일 뿐입니다. 실제로 요즈음은 재래시장보다는 대형 마트, 백화점 등에서 매매가 활발히 이루어지고 있습니다.

이와 함께 우리는 다양한 형태의 시장을 떠올릴 수 있습니다. 한 가지 상품만 거래하는 특수한 곳이 있는데, 가축, 한약재 등을 사고파는 시장이 대표적인 곳입니다. 여기에 더하여 최근에는 증권·선물시장 등이 새로운 형태의 시장으로 자리 잡고 있습니다.

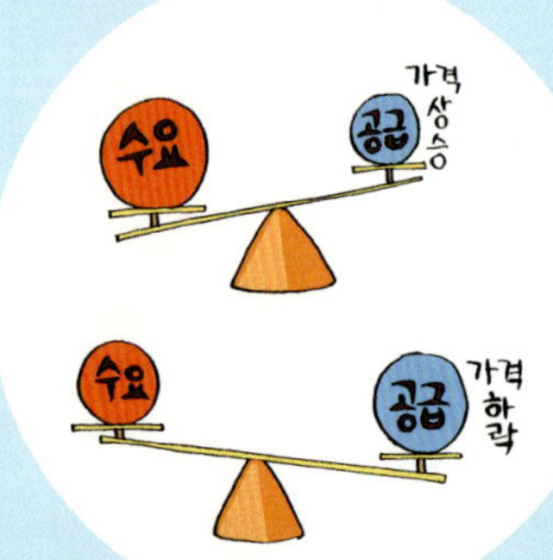


사고파는 물건의 종류나 가격은 다르지만, 이러한 형태의 시장들은 모두 한 가지 공통점을 가지고 있습니다. 물건을 사고자 하는 사람과 팔고자 하는 사람이 동시에 존재하며, 수요와 공급에 따라 가격이 결정된다는 점입니다. 재래시

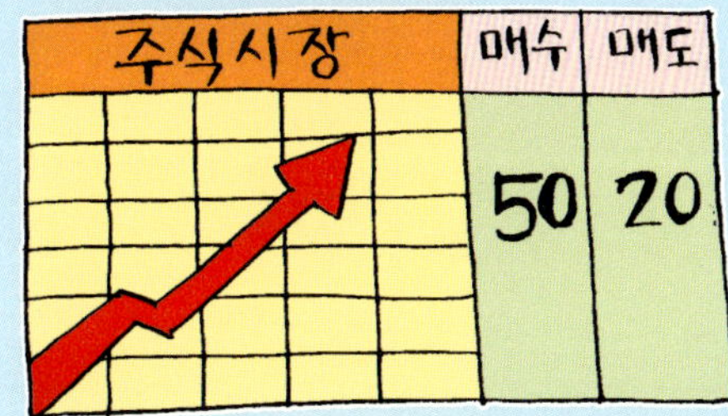

장과 마찬가지로 증권시장에서도 이러한 원리에 따라 주식 가격이 매일 결정됩니다.

수요와 공급에 따라 가격이 결정되는 원리는 경제 활동의 가장 기본 요소라 할 수 있습니다. 아담 스미스라는 영국의 경제 학자는 수요와 공급에 의해 결정되는 이러한 가격 결정의 원리를 '보이지 않는 손'이라고 표현했습니다.

# 2. 경매로 물건 구입하기

 ## 놀이 안내

경매는 우리 사회 여러 분야에서 매우 다양하게 이루어지고 있는 경제 활동의 한 방법입니다. 다른 경제 활동과 마찬가지로 경매도 수요와 공급이라는 법칙에 지배를 받고 있습니다. 경매는 다른 경제 활동에 비해 수요와 공급에 의해 이루어지는 가격 결정의 원리를 매우 생동감 있고 역동적으로 살펴볼 수 있습니다.

경매로 물건을 팔기 위해서는 판매하려는 제품이 가진 여러 가지 특징을 간단하고도 명확하게 제시하는 능력이 있어야 합니다.

만일, 그렇게하지 못한다면 경매 가격은 매우 낮게 형성되거나 경매 자체가 이루어지지 않을 수도 있습니다.

경매 놀이를 통해 물건의 수요와 공급이라는 가격 결정의 원리에 대해 학습하도록 하겠습니다.

## 놀이 방법

### 필요한 인원

한 모둠을 3명 정도의 인원으로 구성합니다.

### 놀이 시간    모둠별 5분

### 준비물

개인별 1~2개 정도의 물건(상품), 모의 화폐(부록 : 자료 2), 필기구,
8절 도화지, 경매 기록표(부록 : 자료 4)

### 놀이는 이렇게

## 01

제비를 뽑거나 가위, 바위, 보를 하여
각 모둠별 경매 순서를 정합니다.
한 모둠의 경매가 이루어지는 동안
다른 모둠들은 경매에 참여하여 물건
을 구입할 수 있습니다.

## 02

각 모둠별로 토의하여 자기 모둠에서 경매할 물건에 대한 기본 가격(경매 시작 가격)을 정합니다.

## 03

선생님께 모의 화폐를 지급받습니다. 만일, 선생님이나 어른이 안 계시면 다른 모둠 친구가 그 역할을 대신 할 수 있습니다.

**여기서 잠깐**

여러분이 가진 모의 화폐의 합계가 모두 600만 원이라면 각 모둠별로 100만 원씩 나누어 가집니다. 각 모둠은 같은 금액을 가지고 놀이가 끝난 다음 어떤 물품을 몇 개 구입했는지 파악한 후 남은 금액을 파악하도록 합니다.

# 04

경매할 물건에 대한 상품 안내 자료를 만들어 봅니다.
상품 안내 자료는 다음과 같은 것을 포함하여야 합니다.

- 상품의 장점이나 특징, 만든 곳 (제조사), 만들어진 시기(제조 일자), 경매 시작 가격, 경매에서 자신이 받고 싶은 가격

# 05

경매가 이루어지기 3분 전 각 모둠별로 자신의 모둠에서 경매로 판매할 물건을 미리 공개합니다. 이때 가격은 공개하지 않습니다.

## 06

경매 중개인을 선정하여 경매를 진행하도록 합니다. 경매 중개
인은 경매를 진행하되 직접 물건을 사거나 팔 수 없습니다.

## 07

주어진 돈으로 자신이 원하는 물건을 사고팝니다.

## 08

모둠별 경매 시간(5분)이 종료하면 다음 모둠이 경매에 참여합
니다.

## 09

여섯 모둠이 정해진 순서대로 경매에 참여합니다.

## 10

여섯 모둠의 경매가 모두 끝난
후 경매 기록표에 자기 모둠의
경매 결과를 기록하고 모둠별로
발표해 봅니다.

## 유의할 점 ⚠️

● 반드시 시간을 지키도록 합니다.

● 놀이 규칙을 지키며 참여합니다.

● 경매로 물건을 살 때에는 모둠별로 구입하고자 하는 물건을 회의로 결정하여 경매에 참여합니다.


## 생각해 보기

● 경매할 물건은 무엇을 따져보고 선정하였습니까?

● 경매와 시장에서 이루어지는 활동의 차이점은 무엇입니까?

● 경매할 때 높은 가격으로 판매하기 위해 어떤 노력을 기울였습니까?

● 경매로 물건을 살 때와 팔 때는 무엇이 달랐습니까?

● 경매가 끝난 후 자신이 속한 모둠에서 구입한 물건은 무엇이며, 얼마의 돈이 남았습니까?

우리 생활에 속에서 경매는 비교적 쉽게 접할 수 있습니다. 대표적인 곳이 농·수산물 시장인데, 이른 아침부터 매우 소란스러운 분위기 가운데 경매가 이루어집니다. 경매 중개인은 우리들이 알아듣지 못하는 말로 경매를 주관합니다. 판매자들 또한 자신이 원하는 가격이 다른 사람의 눈에 띄지 않도록 주의하며 경매에 참여합니다. 중개인의 신호에 따라 물건을 살 사람과 가격이 정해집니다. 경매가 끝나면 물건은 도매상인과 소매상인의 손을 거쳐 소비자에게 판매됩니다.

경매는 생각보다 많은 곳에서 이루어지고 있으며 최근에는 그 종류가 매우 다양해졌습니다. 앞에서 제시한 농·수산물 시장은 경매가 이루어지는 장소 중 하나이며, 이 밖에 여러 곳에서 다양한 경매가 이루어지고 있습니다.

예를 들어 보면, 미술품(골동품) 경매라는 것이 있습니다. 가치나 가격이 비교적 높은 도자기, 그림, 조각, 문화재를 대상으로 하는 경매입니다. 높게는 수억 원이 넘는 매우 값비싼 미술품이나 골동품이 경매 대상이 됩니다.

다음으로 법원에서 하는 경매도 있습니다. 주로 채무(빚)를 갚지 못한 사람의 재산이나 회사(법인) 등의 재산을 상품으로 내놓고 합니다. 이때 거래되는 것은 아파트, 주택, 건물, 자동차를 비롯하여 매우 다양합니다.

세관에서도 수시로 경매를 합니다. 세관은 회사가 외국에서 수입한 물건이나 개인이 외국 여행 중에 구입한 물건에 관세

를 매깁니다. 그리고 여러 가지 사정으로 관세(세금)를 부담할 수 없는 대상이 생기면 그들이 가진 물건을 경매하여 관세(세금)를 확보합니다.

　최근에는 인터넷에서도 다양한 형태의 경매가 이루어지고 있습니다. 대표적인 것이 경매 사이트를 이용하여 물건을 구입하는 방법입니다. 이 방법은 대체로 직접 물건을 구입하는 것보다 싼 가격으로 살 수 있는 장점이 있습니다. 하지만, 반대로 그 물건을 구입하려는 사람이 많을 때는 일반 판매 가격보다 비싸게 구입하게 되는 위험성도 숨어 있습니다.

경매 놀이를 다음과 같은 방법으로 적용해 볼 수도 있습니다.

## 다른 방법으로 경매해 보기

경매 방법은 매우 다양합니다. 앞에서 제시한 것은 경매의 다양한 방법 중 몇 가지일 뿐입니다.

경매 규칙을 다양하게 바꾸어 적용해 보면 어떨까요?

❶ 동시에 모든 사람이 경매에 참여하기

- 경매할 상품과 경매 시작 가격(최저 가격)을 제시합니다.
- 경매에 참여하는 모든 사람들에게 제시한 물건이나 상품에 자신이 희망하는 가격을 기록하도록 합니다.
- 경매 참여자 중 가장 높은 가격을 부른 사람에게 물건을 판매하도록 합니다.

❷ 경매로 구입할 수 있는 물건 수량을 한정하기

- 경매로 구입할 수 있는 물건 수를 한 사람당 1~2가지 정도로 제한합니다.
- 경매에 참여하는 사람은 자신이 가진 돈의 범위에서 1~2가지 정도의 물건만 경매로 구입해야 합니다.

# 3. 홈쇼핑 엿보기

 ## 놀이 안내

홈쇼핑은 최근 생활 주변에서 많이 하고 있는 상품 거래 방식입니다. 텔레비전을 이용하여 다양한 형태의 상품을 쇼핑 호스트의 안내에 따라 한눈에 파악하고 비교적 저렴한 가격으로 구입할 수 있습니다. 직접 시장이나 가게에 가지 않고도 가정에서  전화로 상품을 구입할 수 있어 시간과 비용이 절약됩니다. 반면에, 물건을 직접 보지 않고 거래하기 때문에 잘못된 것을 구입할 수 있는 단점도 있습니다.

홈쇼핑 엿보기 놀이에서 홈쇼핑 광고 제작자가 되어 직접 광고를 만들어 시험 방영해 봄으로써 홈쇼핑이 가진 장·단점을 느껴 볼 수 있도록 하였습니다.

 ## 놀이 방법

### 필요한 인원 

한 모둠별 5명 정도의 인원으로 구성합니다.


### 놀이 시간 　　　모둠별 5분


### 준비물

판매할 상품 3~4종류


### 여기서 잠깐 

판매할 상품은 가급적 같은 종류의 품목이거나 쓰임새가 유사한 것으로 선정합니다. 예를 들어, 학용품을 홈쇼핑으로 판매할 경우 연필, 공책, 필통 등 학습에 필요한 종류로 선정합니다. 연필, 필통, 신발 등으로 상품을 선정하면 '학용품' 이라는 주제와 맞지 않을 수 있습니다.

- 홈쇼핑 참여 소감문(부록 : 자료 6), 필기구, 홈쇼핑 광고 대본(부록 : 자료 5)

- 비디오카메라, 비디오테이프, 연결 장치, 프로젝션 텔레비전

# 01

각 모둠별로 역할을 정하여 봅니다.
모둠별로 촬영 감독 1명, 쇼핑 호스트 1명, 상품 안내인 1명, 상품 광고 모델 2명 등 총 5~6명 정도로 구성합니다.

# 02

모둠별로 판매할 상품을 결정하고 선정한 상품을 홍보할 광고 대본을 제작합니다(부록 : 자료 5).

# 03

광고 대본에 맞추어 홈쇼핑 시험 방영을 위한 연습을 합니다.

# 04

홈쇼핑 광고를 직접 제작해 봅니다.

**여기서 잠깐**

홈쇼핑 광고는 비교적 조용한 장소에서 제작합니다. 모둠별로 모여 학교 방송실이나 가정을 배경으로 비디오 촬영을 할 수 있습니다. 광고를 제작하기 위해서는 선생님 또는 학부모들께서 비디오카메라의 사용 방법을 지도하여 효과적으로 촬영할 수 있도록 합니다.

# 05

제작한 광고를 학급에서 방영해 보고 홈쇼핑 광고에서 판매하는 상품을 구매할지 결정합니다.

# 06

각 모둠이 제작한 제품을 직접 구입하여 살펴보고, 광고에서 말한 상품의 특징, 장점 등을 실제 물건과 비교하여 차이점을 기록합니다.

## 유의할 점

- 제한된 시간을 지키도록 합니다.
- 홈쇼핑 광고를 보며 참여 소감문을 수시로 기록하도록 합니다.
- 홈쇼핑 광고 방영을 위해 제반 컴퓨터 관련 장치들을 사전에 점검하여 활용할 수 있는지 확인해 봅니다.


## 생각해 보기

- 홈쇼핑으로 물건을 구입하면 무슨 장·단점이 있습니까?
- 홈쇼핑 광고를 제작하면서 무엇을 느꼈습니까?
- 홈쇼핑에서 보던 상품의 특징이나 장점이 실제로 구입했을 때와 같았습니까? 만일, 달랐다면 그 이유는 무엇 때문이라고 생각합니까?
- 홈쇼핑으로 물건을 구입할 때 유의해야 할 점에는 무엇이 있을까요?

홈쇼핑은 여러 가지 장점이 있습니다. 하지만, 주의해야 할 점도 있습니다.

홈쇼핑은 충동구매를 부추깁니다. 따라서, 홈쇼핑으로 구매할 때는 반드시 필요한 물건인가부터 생각해 보아야 합니다. 실물을 직접 보지 않고 화면 광고에 의존하여 구입하다 보니, 정확한 물품 상태를 파악하는 데도 어려움이 따릅니다. 직접 판매점에서 구입하거나 인터넷으로 살 때 보다 비싼 경우도 종종 있답니다.

홈쇼핑 구매에 대한 교환 및 환불 규정을 잘 알고 있어야 합니다. 불량품을 구입했거나 구매 의사가 변경되었을 때 보통 30일 동안 무료 반품과 환불이 보장되지만, 일부 상품은 반품이 제한되는 것도 있으므로 주의해야 합니다. 특히 식품과 같은 품목은 포장을 제거한 후에는 환불이나 반품이 되지 않는 경우가 많습니다. 이 외에도 사은품에 주의하도록 합니다. 사은품은 충동구매를 유발하는 도구가 되곤 합니다.

홈쇼핑 광고 시간을 미리 확인하여 자신에게 꼭 필요한 물건을 안내할 때만 시청하도록 합니다.

홈쇼핑은 최근 우리 생활 깊숙이 파고 들어와 있습니다. 대형 홈쇼핑 유통 회사들은 텔레비전과 인터넷이라는 수단을 활용하여 다양한 제품을 판매하고 있으며, 실제로 많은 소비자들이 홈쇼핑을 통해 상품을 구매하고 있습니다. 그만큼 홈쇼핑은 생활 모습을 많이 바꾸어 놓았습니다.

홈쇼핑이 가진 가장 큰 이점은 텔레비전 또는 인터넷이 설치된 곳이라면 언제, 어디에서나 물건을 구입할 수 있으며, 단 하나의 물건을 구매하더라도 배달이 가능하다는 점입니다. 이러한 편의성은 홈쇼핑을 통한 상품 판매율을 지속적으로 높여주고 있습니다.

홈쇼핑에서 판매하는 상품도 과거에는 주로 가정 생활에 필요한 의

〈홈쇼핑 예 1 : GS eshop 홈쇼핑〉

식주 위주였는데, 최근에는 여행 상품, 해외 유학 상품, 보험 상품 등으로 다양해지고 확대되면서 이미 우리 생활과 밀접한 관련을 갖고 있습니다.

하지만, 홈쇼핑이 과소비를 부추긴다는 지적도 만만치 않습니다. 실제로 일부 사람들이 홈쇼핑 광고를 보고 무절제하게 충동 구매하여 금융 채무 불이행자(신용 불량자)가 되거나 여러 가지 사회 문제를 일으키고 있음을 어렵지 않게 볼 수 있습니다.

따라서, 홈쇼핑으로 물건을 구입할 때는 신중한 태도로 해야 합니다. 자신에게 반드시 필요한 물건을 보다 저렴하게 구입하는 사람이 홈쇼핑이 주는 이점을 최대한으로 활용하는 현명한 소비자라고 생각합니다.

〈홈쇼핑 예 2 : 농수산 홈쇼핑〉

홈쇼핑 엿보기 게임을 다음과 같은 방법으로 적용해 볼 수도 있습니다.



홈쇼핑 회사에서 실제로 제작한 홈쇼핑 광고와 우리 모둠이 제작한 상품 광고를 비교해 보고 홈쇼핑 광고의 특징에 대해 살펴봅시다. 홈쇼핑 광고에는 여러 가지 재미있는 부분이 있음을 알 수 있습니다.



텔레비전에서 방영하는 상품 광고는 광고 시간, 광고하는 물건의 종류 등 여러 가지 면이 홈쇼핑 회사에서 만든 광고와 다릅니다. 구체적으로 어떤 점이 다른지 살펴보는 것도 재미있을 것입니다.

# 4. 도전! 2,000원의 행복

 **놀이 안내**

다양한 경제 활동에 참여할 때 우리는 종종 선택을 해야 하는 시점에 직면합니다. 한정된 돈으로 자신이 원하는 모든 일을 할 수는 없기에 가장 중요하고 시급한 곳에 쪼개어 사용해야 하는 경우가 많습니다.

자신이 가진 돈으로 시장에서 판매하는 모든 물건을 살 수 없듯이 바람직한 경제 활동이란 결국, 한정된 돈을 가장 합리적인 방법으로 사용하는 것을 말합니다.

하지만, 바람직하고 현명한 소비 활동은 결코 책이나 인터넷으로 조사하거나 학습하여 형성할 수 있는 것이 아닙니다. 반드시 바람직한 소비 생활과 경제 의식을 형성하기 위한 마음을 가지는 것이 필요합니다. 또한 여러 번의 시행착오와 실수로 겪는 경험도 중요합니다.

'도전! 2,000원의 행복'에서는 정해진 기간 동안 한정된 돈으로 자신의 욕구를 조절하면서 돈이 지닌 가치를 경험할 수 있도록 하였습니다.

## 놀이 방법

### 필요한 인원

2명이 한 모둠을 이룹니다.

### 놀이 시간

- 기간은 일주일로 정합니다.
- 한 모둠(2명)의 놀이가 끝나면 이어서 다음 모둠(2명)이 게임을 하고 일주일 후 그 결과를 발표합니다.

### 준비물

개인별 용돈 기입장(부록 : 자료 7), 필기구, 2,000원

### 여기서 잠깐

모둠별로 개인별 용돈 사용 내용을 기록합니다. 놀이 기간 동안 부모님께 용돈을 받지 않도록 하며, 수업 준비물을 구입할 때만 부모님의 도움을 받습니다. 부모님의 도움을 받을 때도 아무런 대가 없이 돈을 받지 않도록 합니다.

## 01

각 모둠을 선정합니다. 보통 2명이 한 모둠을 이루며 같은 모둠원은 경쟁자 역할을 합니다.

## 02

기간을 일주일로 정하여 그동안 사용한 금액을 개인별 용돈 기입장에 빠짐없이 모두 기록합니다.

## 03

일주일 동안 반드시 2,000원 범위 안에서 사용하도록 합니다.

# 04

일주일이 지난 후 자신이 사용한 돈
과 같은 모둠의 친구가 사용한 돈을
비교하여 누가 많은 돈을 남겼는지
확인합니다.

# 05

일주일 후 같은 반 친구들에게 자신이 사용한 금액의 합계와 내용
을 모두 공개합니다.

## 유의할 점 

- 일주일 동안 2,000원 이상의 돈을 사용하지 않도록 합니다.
- 일주일 동안 다른 사람에게 돈을 빌리지 않도록 합니다.
- 매일 사용하고 남은 금액을 조사합니다.
- 매일 사용한 금액과 사용 내역을 용돈 기입장에 기록으로 남깁
  니다.

# 생각해 보기

- 일주일 동안 사용한 금액은 얼마입니까?

- 2,000원으로 일주일 동안 생활하는 데 무엇이 불편하였습니까?

- 한정된 용돈을 주로 어디에 사용했습니까?

- 한정된 용돈을 사용하기 위한 용도를 정하는 데 가장 우선적으로 고려한 것은 무엇인가요?

- 게임에 참여한 친구와 나는 돈을 사용하는 데 무슨 점이 달랐다고 생각합니까?

## 잠시 쉬어가기

돈을 비롯한 모든 자원이 무한하지 않기에, 우리는 그것을 적절하게 사용하고자 나름대로 기준을 세웁니다. 부모님께 받은 용돈을 쓰면서 많은 갈등을 겪기도 합니다. 용돈으로 군것질을 할 수도 있고, 친구 선물을 구입하는 데 모두 사용할 수도 있습니다. 하지만, 계획 없이 용돈을 하루에 모두 사용한다면 합리적인 소비 생활이라고 하기는 어렵습니다.

2,000원으로 일주일을 사용해야 한다면 매일 얼마 정도를 써야 할지 정해야 할 것입니다. 그런 다음 그 범위 안에서 지출을 해야 합니다. 어느 날 이틀분의 용돈을 썼다면 그 다음 날은 씀씀이를 줄여야 합니다. 그리고 무엇보다 충동구매를 줄여야 합니다.

우리는 보통 현금 또는 화폐를 돈으로 알고 있습니다. 하지만, 우리가 알고 있는 돈의 종류는 생각 외로 매우 다양합니다. 돈은 현금(화폐), 수표, 신용 카드, 쿠폰, 마일리지 카드(캐시백 포인트), 사이버머니, 상품권 등이 있으며, 다음과 같은 특징이 있습니다.

**현금**

우리가 흔히 돈으로 알고 있는 지폐와 동전을 현금이라고 합니다. 현재 우리나라에는 10원, 100원, 500원 등 세 가지 동전과 1,000원, 5,000원, 10,000원 등 3가지 지폐를 현금으로 사용하고 있습니다.

**수표**

가계 수표, 자기앞 수표, 당좌 수표 등 종류가 매우 다양합니다. 현금과 마찬가지로 오랜 역사를 가지고 있으며, 주로 고액의 돈을 대신하여 사용합니다.

### 신용 카드

흔히 '크레디트 카드(credit card)라고도 합니다.
현금과 다른 점은 물건을 산 후 결제하고 물건 값은
나중에 갚는다는 것입니다. 신용 카드도 현금 카드
처럼 물건을 사고파는 데 활용할 수 있습니다.

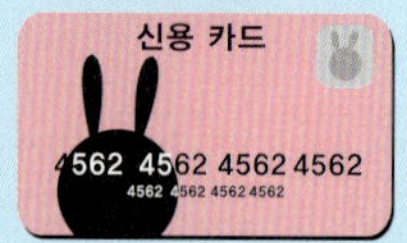

### 쿠폰

현금은 아니지만 때로는 현금의 기능을 합니
다. 인터넷 홈쇼핑 사이트나 통신 판매 업체에
서 발행하는 쿠폰은 물건을 좀 더 저렴한 가격
으로 구입하는 데 도움을 줍니다.

### 마일리지 카드(캐시백 포인트)

이것은 현금이나 신용 카드와는 조금 다른 성격을 가집니다. 대형
마트나 항공사, 주유소 등에서 현금이나 신용 카드를 이용하여 물건
을 산 뒤 물건 값의 일부를 마일리지 카드에 적립합니다. 마일리지
카드에 적립한 금액은 나중에 물건을 구입할 때 활용할 수 있습니다.

사이버머니는 인터넷 거래에서만 사용할 수 있는 특징이 있습니다. 주로 특정한 인터넷 공간에서 게임 캐릭터를 꾸미기 위한 상품(아이템)을 구매하는 데 활용합니다.



최근에 현금 대신 상품권을 많이 사용하고 있습니다. 상품권은 현금처럼 돈의 기능을 가지고 있지만, 상품권을 사용할 수 있는 상점에서만 활용할 수 있다는 점이 현금이나 신용 카드와 다릅니다. 백화점 상품권, 구두 상품권 등 종류도 매우 다양합니다.

도전! 2,000원의 행복 게임은 다음과 같은 방법으로 적용할 수도 있습니다.

## 찬스 사용하기

도전! 2,000원의 행복 게임에 찬스를 부여하면 매우 재미있게 게임을 즐길 수 있습니다. 찬스는 일주일 동안 2,000원이라는 제한된 돈으로 생활하다가 돈이 부족한 경우가 발생할 때 사용합니다.

그 예는 다음과 같으며 찬스를 성공적으로 이용하면 약간의 보상이 따릅니다.

❶ 엄마의 설거지를 대신하면 1회당 200원을 받습니다.
❷ 아빠의 구두를 닦으면 1회당 50원을 받습니다.
❸ 학급이나 학교에서 환경 정화(청소) 또는 봉사 활동을 하면 1회당 100원을 받습니다.

이렇게 4~5가지 정도의 찬스를 사용할 수 있도록 합니다. 단, 게임에 참여하는 친구와 사전에 협상하여 찬스 이용 규칙과 횟수를 정해야 합니다. 찬스는 위에서 제시한 것 외에도 게임에 관련된 사람들끼리 협상하여 다양하게 정할 수 있습니다.

## 남은 돈 기부하기

게임에 참가하는 학생들은 대부분 일주일 동안의 용돈으로 2,000원은 부족한 금액이라고 생각할 것입니다. 하지만, 근검절약하여 짜임새 있게 생활한 친구들은 조금이나마 돈이 남을 수도 있을 것입니다.

100원에서 500원에 이르는 적은 금액의 돈이 남으면 대부분 군것질에 사용하는 경우가 많습니다. 이런 일에 대비하여 남은 금액을 기부하는 것은 어떨까요?

유니세프 한국위원회(www.unicef.or.kr)

KBS 사랑의 리퀘스트
(www.kbs.co.kr/1tv/sisa/loverequest)

# 5. 도전! 경제 퀴즈 왕

 ## 놀이 안내

경제 및 금융 활동에서 우리는 여러 가지 경제 용어를 접합니다. 하지만, 그러한 용어 중에는 우리에게 매우 낯선 것들이 많이 있습니다.

'도전! 경제 퀴즈 왕' 은 그동안 우리에게 낯설게 여겨졌지만, 반드시 알아두어야 할 경제 및 금융 관련 용어를 학습하기 위한 프로그램입니다. 이러한 용어들은 생소하고 어려운 영어나 한자로 되어 있는 경우가 많아서 좀처럼 쉽게 익히기 힘든 점이 있습니다.

이 놀이를 하면 그동안 매우 어렵거나 낯설게 생각했던 혹은 전혀 알지 못했던 경제 및 금융 관련 용어들을 익히게 되어 좀 더 폭넓은 경제 활동을 이해할 수 있습니다.

##  놀이 방법

### 필요한 인원

인원 제한이 없습니다.

### 놀이 시간

- 시간은 특별히 정해져 있지 않으며 준비된 문제를 모두 해결하여 퀴즈 왕이 선출될 때까지 계속합니다.
- 한 문제당 주어진 시간은 15초이며, 15초 이후에는 정답으로 인정하지 않습니다.
- 준비된 문제를 모두 해결하지 못하면 퀴즈 왕으로 선출될 수 없으며 게임은 종료됩니다.

### 준비물

- 개인별로 검정색 마카펜 1개, 작은 화이트보드 1개, 화이트보드용 지우개 1개 그리고 깔고 앉을 자리를 준비합니다.
- 문제 도우미를 선출하여 퀴즈 문제 은행 자료(부록 : 자료 8)를 준비합니다.

### 여기서 잠깐

개인용 화이트보드가 없으면 흰색 8절 도화지 표면을 코팅하여 화이트보드 대신 활용하도록 합니다.

## 01

문제 도우미를 2명 선출합니다.

## 02

문제 도우미는 개인별 번호와 자리를 정하고 각 번호별로 참가자를 배치합니다.

## 03

문제 도우미 한 명은 문제를 출제하고 남은 한 명은 게임 시간을 잽니다. 도전자는 15초 이내에 답을 기록합니다.

## 04

문제를 맞힌 사람은 다음 단계로 넘어가며, 맞히지 못한 사람은 탈락한 것으로 간주하여 자리에서 일어나도록 합니다.

# 05

총 30문항을 출제하며 중간에 패자부활전을 하여 탈락한 사람에게 한 번 더 기회를 줍니다.

# 06

마지막까지 남은 사람에게 '경제 퀴즈 왕'의 명예를 안겨줍니다.

## 유의할 점

- 정해진 시간(15초) 동안 한 문제를 해결하도록 합니다.
- 패자부활전은 중간에 딱 한 번만 합니다.
- 경제 퀴즈 왕이 된 사람에게는 다양한 보상을 합니다(학용품, 과자 등).

## 생각해 보기

- 퀴즈 문제를 풀면서 알게 된 자신이 모르는 경제 용어에는 무엇이 있습니까?
- 경제 용어는 다양한 경제 현상을 이해하는 데 무슨 도움을 준다고 생각합니까?

 ## 잠시 쉬어가기 – 경제 관련 용어의 의미

| 희소성 | 사람의 욕망에 비해 이를 충족시켜 주는 서비스, 재화 등이 부족한 현상 |
|---|---|
| 기회 비용 | 어떤 것을 선택할 때 포기하게 되는 다른 것의 가치 |
| 분업 | 하나의 제품을 여러 가지 과정으로 나누어 생산하는 방식 |
| 주식 | 회사(법인)가 투자자에게 투자에 대한 대가로 발행해 준 증서로 사고팔 수 있으며 배당금도 지급함 |
| 이윤 | 기업이 제품을 판매한 수입에서 생산에 들어간 비용을 뺀 부분 |
| 소득 | 기업이나 개인이 다양한 경제 활동을 통해 벌어들인 돈 |
| 독과점 시장 | 어떤 제품의 공급이나 생산이 일부 소수의 기업에 의해 이루어지는 현상 |
| 물물교환 | 물건과 물건을 직접 교환하는 경제 활동 방식으로 화폐가 출현하기 전에 주로 활용한 거래 방법 |
| 금융 기관 | 돈을 빌려주는 사람과 빌리려는 사람 사이에서 중개하는 일을 하는 기관 |
| 이자 | 돈을 빌려준 대가로 지급하는 돈 |

## 💡 생각 모으기 – 경제 용어

경제 용어는 다양한 경제 현상을 압축적으로 표현하고 있습니다. 따라서, 경제 현상을 이해하려면 다양한 경제 용어를 알아야 합니다. 경제 용어란 복잡하고 다양한 경제 현상을 하나의 단어로 간단히 줄여서 설명한 것이라 할 수 있습니다.

경제 용어를 이해하기 위해서는 다양한 경제 관련 서적이나 경제를 주제로 한 자료들을 읽어야 합니다. 이 책에서도 놀이 및 체험 활동으로 경제라는 주제에 다가서고 있지만, 그것만으로는 모든 경제 활동을 경험할 수는 없습니다. 때로는 게임이나 놀이보다 간단하게 표현한 경제 용어가 경제 현상에 대해 더욱 깊게 이해하는 데 도움이 될 수 있습니다.

그러므로 경제 현상에 대해 깊이 이해하려면 이 책에 소개하는 활동뿐 아니라 경제와 관련된 다양한 자료를 평소에 수집하고 스스로 학습하려는 노력이 매우 중요합니다.

다음은 경제 현상을 이해하는 데 도움이 되는 주요 경제 용어를 선정한 것입니다.

---

★ **주요 경제 용어**

| | | | |
|---|---|---|---|
| 희소성 | 수요와 공급 | 생산과 소비 | 수입과 지출 |
| 시장 | 분업 | 가격 | 경기와 경기 순환 |
| 물가 | 금리 | 이윤 | 화폐 |
| 금융 기관 | 무역 | 수출과 수입 | 세금 |
| 성장과 분배 | 환율과 국제 수지 | 신용과 금융 | 채무 불이행 |

도전! 경제 퀴즈 왕 놀이를 다음과 같은 방법으로 적용해 볼 수도 있습니다.

## OX 퀴즈

경제를 주제로 한 문제를 OX 퀴즈 게임의 형식으로 다음과 같이 적용해 볼 수 있습니다.

❶ 게임 도우미를 3명 가량 선정합니다. 게임 도우미는 퀴즈를 시작하면 O와 X 영역에 위치한 사람 수를 세고, 그들이 다른 부분으로 넘어가지 않도록 합니다.

❷ 경제와 관련된 문제를 OX 퀴즈 형태로 제시합니다.

❸ 10~15문제 정도를 출제하여 가장 마지막까지 남은 사람을 우승자로 선정합니다.

# 스피드 퀴즈

경제를 주제로 한 문제를 스피드 퀴즈 게임의 형식으로 다음과 같이 적용할 수 있습니다.

❶ 2명이 한 모둠을 이루어 게임에 참여합니다. 한 사람은 의자에 앉아 문제를 맞히고 한 사람은 모니터 속에 나오는 문제를 설명하여 자기편이 정답을 맞히도록 유도합니다.

❷ 사회자는 파워포인트 형식으로 출제합니다.

❸ 총 100문항 정도 제작하여 각 모둠별로 차례대로 제시합니다.

❹ 게임 시간을 1분 정도로 한정하여 1분 동안 많은 문항을 맞히는 팀이 우승하는 것으로 정합니다.

# 6. 모의 주식 투자 놀이

##  놀이 안내

뉴스를 시청하다 보면 뉴스가 거의 끝날 즘 주식에 관련된 보도를 어렵지 않게 들을 수 있습니다. 요즘 거의 모든 뉴스는 주식 시세를 간단하게나마 알려주고 있습니다.

코스피지수, 코스닥지수, 나스닥지수, 다우지수 등 여러 가지 다양한 지수를 소수점 둘째 자리까지 자세하게 알려주는 것을 살펴본다면, 한 번쯤 주식에 대해 궁금증을 가져보는 것도 당연한 일일 것입니다.

위에 제시한 것은 모두 주식과 관련된 용어입니다. 하지만, 주식에 투자하는 사람들을 제외하고는 그 차이점에 대해 잘 모르는 것이 사실입니다.

주식은 저축과는 다른 투자 방법의 하나입니다. 저축은 금융 기관과 정해진 기간 동안 정해진 이

율을 지급받기로 약속하고 일정한 돈을 은행에 입금하여 이익을 얻는 방법입니다. 이에 비해 증권은 이와는 다른 점들이 많이 있습니다.

이번 활동으로 그동안 궁금증을 가지고 있던 주식 시장을 체험해 보는 기회를 갖도록 하겠습니다.

## 놀이 방법

**필요한 인원** 제한이 없습니다.

**활동 시간** 40분

**준비물**

● 빔 프로젝트(프로젝션 텔레비전) 컴퓨터, 주식 가격 알림판(파워 포인트로 제작), 모의 유가 증권(모둠별 20매), 스톱워치, 모의 화폐(모둠별 10만 원씩)

**여기서 잠깐**

모의 화폐는 자체 제작하거나 문구점에서 판매하는 것을 활용하도록 합니다. 모둠별로 각 10만 원씩의 모의 화폐를 준비하여 활용하도록 하며, 만 원권 3매, 오천 원권 10매, 천 원권 20매를 준비하여 사용합니다.

주식 알림 파일은 주식 가격을 실시간으로 게시할 때 필요한 자료입니다.
주식 알림 파일은 MS-파워포인트나 한글 프로그램을 이용하여 간단하게 제작하여 활용할 수 있습니다.

| 제작 방법 |

| 파워포인트 프로그램 | 제작 과정 |
|---|---|
| 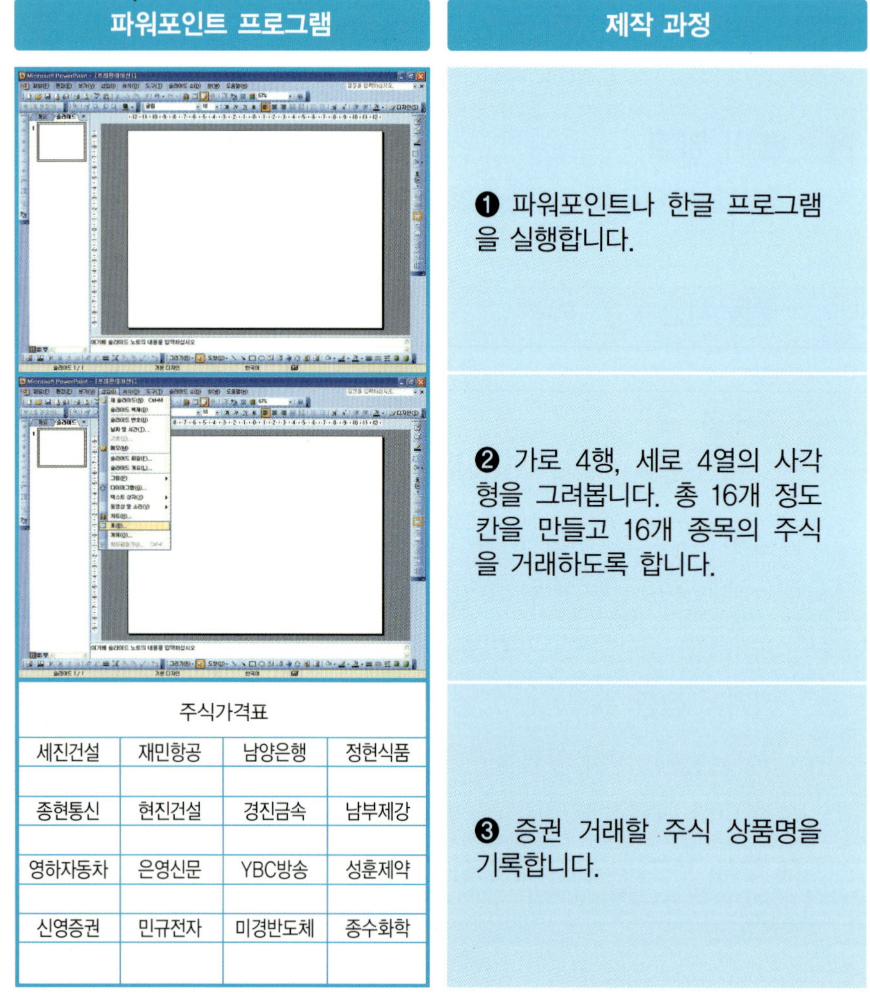 | ❶ 파워포인트나 한글 프로그램을 실행합니다. |
|  | ❷ 가로 4행, 세로 4열의 사각형을 그려봅니다. 총 16개 정도 칸을 만들고 16개 종목의 주식을 거래하도록 합니다. |
|  | ❸ 증권 거래할 주식 상품명을 기록합니다. |

주식가격표

| 세진건설 | 재민항공 | 남양은행 | 정현식품 |
|---|---|---|---|
|  |  |  |  |
| 종현통신 | 현진건설 | 경진금속 | 남부제강 |
|  |  |  |  |
| 영하자동차 | 은영신문 | YBC방송 | 성훈제약 |
|  |  |  |  |
| 신영증권 | 민규전자 | 미경반도체 | 종수화학 |
|  |  |  |  |

| 주식가격표 | | | |
| --- | --- | --- | --- |
| 세진건설 | 재민항공 | 남양은행 | 정현식품 |
| 5000 | 5000 | 5000 | 5000 |
| 종현통신 | 현진건설 | 경진금속 | 남부제강 |
| 5000 | 5000 | 5000 | 5000 |
| 영하자동차 | 은영신문 | YBC방송 | 성훈제약 |
| 5000 | 5000 | 5000 | 5000 |
| 신영증권 | 민규전자 | 미경반도체 | 종수화학 |
| 5000 | 5000 | 5000 | 5000 |

| 주식가격표 | | | |
| --- | --- | --- | --- |
| 세진건설 | 재민항공 | 남양은행 | 정현식품 |
| 10200 | 5100 | 5600 | 6100 |
| 종현통신 | 현진건설 | 경진금속 | 남부제강 |
| 5300 | 5000 | 3200 | 5000 |
| 영하자동차 | 은영신문 | YBC방송 | 성훈제약 |
| 7700 | 5000 | 6500 | 4200 |
| 신영증권 | 민규전자 | 미경반도체 | 종수화학 |
| 2500 | 5100 | 4300 | 5800 |

❹ 주식 가격을 기록합니다. 최초 주식 가격은 5,000원 입니다. 주식 가격은 첫 거래 이후 5분마다 변동됩니다.

❺ 5분마다 주식 가격을 바꾸어 게시합니다.

## 놀이는 이렇게 

# 01

모둠을 구성합니다.

- 모둠은 크게 개인 거래인, 기업 거래인, 증권 시장 모둠으로 나누고 인원은 다음과 같이 구성합니다.
- 기업 거래인은 위에서 제시한 16개 기업에 해당하며 총 16명이 기업 거래인이 됩니다.
- 증권 시장 모둠은 위에서 증권 가격을 관리하도록 합니다. 총 3명 정도로 구성합니다.
- 개인 거래인은 기업 거래인과 증권 시장 모둠을 제외한 나머지 사람으로 선정합니다.

증권 거래를 위한 유가 증권을 발행합니다.

## 여기서 잠깐 

**| 유가 증권 제작 |**

❶ 가로 12cm × 세로 6cm 정도 크기의 종이를 준비합니다.

❷ 다음과 같이 기업 이름과 증권 가격을 표시합니다.

❸ 거래를 시작하기 전에 20매 정도를 미리 준비합니다.

※ 유가 증권에 표시된 증권 가격(5,000원)은 최초 거래 가격이며, 증권 거래가 시작된 이후에는 계속 변화합니다.

본격적인 주식 거래를 시작합니다.

- 주식 거래 방법은 자신이 미리 사고 싶던 주식을 증권 시장에 주문하거나, 팔고 싶은 주식을 증권 시장에 판매하는 방법입니다.
- 자신이 사고 싶거나 팔고 싶은 상품을 정한 후 증권 시장 모둠에 거래 주문을 합니다.

## 04

증권 시장 모둠은 주문받은 내용을 참고로 각 주식의 가격을 선정
합니다.
- 주식 가격은 증권 시장 모둠에서 결정하며, 가격 결정 이전에는
  거래하는 개인이나 기업에 이 사실을 절대 알리지 않도록 주의
  합니다.

## 05

첫 주문이 끝난 후 3분 동안 주식매매 주문을 받고 2분 후 바뀐 주
식 값을 주식 가격 알림판을 통해 알리도록 합니다.

## 06

다섯 번째에 제시한 과정을 이후 5분마다 반복하여 실행합니다.

## 07

40분의 시간이 끝난 후 마지막 주식 가격과 함께 자신이 가진 돈을
합하여 계산해 보고, 가장 많은 이익을 올린 사람을 주식 투자 왕으
로 선정합니다.

| 주식 거래 결과 계산 |

40분 동안 주식 거래가 끝난 후 다음과 같은 방식으로 자신이 가진 주식과 돈의 가치를 계산하여 봅시다.

첫째, 자신이 가진 돈을 모두 계산해 봅시다.

만일, 거래 시작 전에 10만 원을 가지고 있었는데 지금 5만 원뿐이라면 5만 원 가량의 돈이 없어졌다고 생각할 수 있습니다. 하지만, 그렇다고 하여 그것으로 주식 거래에서 손해를 보았다고 볼 수는 없습니다.

둘째, 자신이 가진 주식의 가치를 모두 계산해 봅시다. 예를 들어, 자신이 가진 주식이 ybc방송 5주, 미경반도체 4주, 정현식품 1주라고 생각해 봅시다. 각 주식의 최종 가격을 보고 주식거래 결과를 판단해야 할 것입니다.

ybc방송(5,000⇒6,500) 1,500원 상승, 미경반도체(5,000⇒4,300) 700원 하락, 정현식품(5,000⇒6,100) 1,100원 상승했다면 주식 거래 결과는 다음과 같습니다.

- ybc방송 : 1,500원 이익×5＝7,500원 이익
- 미경반도체 : 700원 손해×4＝2,800원 손해
- 정현식품 : 1,100원 이익×1＝1,100원 이익

합산 결과 총 5,800원의 이익을 보았다고 할 수 있습니다. 하지만, 여기에서 자신이 가진 돈과, 증권 거래를 시작할 때의 유가 증권에 표시된 가격을 모두 더하면, 50,000＋50,000(주식 표시가격)＋5,800＝115,800원이 됩니다.

이번 주식 거래로 총 115,800원의 주식과 현금을 보유하게 되었으며, 순수하게 주식 거래로 얻은 이익은 5,800원입니다.

하지만, 주식 거래로 손해를 보는 일도 종종 발생합니다. 다음과 같은 경우가 그렇습니다. 경진금속과 종현통신 주식을 각각 8주와 2주 가지고 있다고 가정합시다. 위와 같이 똑같이 10주를 가지고 있어도 경진금속(5,000⇒3,200)이 1,800원 하락, 종현통신(5,000⇒5,300)이 300원 상승했다면 주식 거래 결과는 다음과 같습니다.

- 경진금속 : 1,800원 손해×8＝14,400원 손해

● 종현통신 : 300원 이익×2=600원 이익

계산 결과 총 13,800원의 손해를 보았다고 할 수 있습니다.

여기에서 자신이 가진 돈과 증권 거래를 시작할 때 유가 증권에 표시된 가격을 모두 계산하면 아래와 같습니다.

● 50,000+50,000(주식 표시 가격)−14,400=85,600

이번 주식 거래로 총 8,560,000원의 주식과 현금을 보유하게 되었으며, 순수하게 주식 거래를 한 후 얻은 손해는 14,400원이라고 할 수 있습니다.

### 유의할 점

- 주식 거래는 반드시 증권 시장 모둠에서 이루어지도록 하며 직접 개인이나 기업이 거래하는 일이 없도록 합니다.
- 주식 거래 후 손해와 이익이 얼마나 발생하였는지 계산하여 보고, 손해와 이익이 생긴 이유를 분석하도록 합니다.
- 주식 투자를 할 때에는 자신이 사거나 팔 품목을 신중하게 생각하여 결정하도록 합니다.

### 생각해 보기

- 주식 투자는 은행 거래와 무슨 차이점이 있습니까?
- 주식 투자와 은행 저축에서 나타나는 차이점은 무엇입니까?
- 주식 투자는 여러 가지 위험성이 있습니다. 모의 주식 투자 놀이로 느낀 주식 투자의 위험성은 무엇입니까?

# 증.권.시.장

## ★ 증권시장

증권 시장은 매우 다양하게 존재하고 있습니다.

대표적인 것이 코스피(KOSPI), 코스닥(KOSDAQ), 나스닥(NASDAQ) 등입니다.

## ★ 코스피

종합 주가 지수라고 합니다. 1980년 1월 4일의 거래 시가 총액을 100으로 하여 산출한 증권 거래 지표로서, 증권의 가격 변화를 잘 알 수 있도록 나타낸 것입니다.

## ★ 코스닥

코스닥은 전자 거래 시스템으로 운영하는 우리나라의 장외 주식 시장을 가리킵니다. 미국의 장외 주식 거래 시장인 나스닥을 한국식 명칭으로 합성한 것으로 주식 회사 코스닥 증권이 개설하였습니다. 코스피로 대표되는 증권 거래소를 거칠 때와는 달리 코스닥을 통한 장외 주식 거래는 컴퓨터나 통신망을 이용하여 주식을 매매하는 특징이 있습니다.


## ★ 나스닥

미국 장외 주식 시장을 가리키며 전 세계 벤처 기업들이 자금을 조달하는 기반이 되고 있습니다. 나스닥은 적자를 기록하는 기업도 주식 거래를 할 수 있도록 허용함으로써 많은 인기를 끌고 있으며, 이와 함께 상대적으로 수익률이 높다는 점도 장점으로 꼽히고 있습니다.

# 주식을 나타내는 여러 가지 용어

주식을 나타내는 용어에는 여러 가지가 있으며 각각 그 의미가 다릅니다. 여기서는 그 중 몇 가지를 알아보도록 하겠습니다.

## ★ 블루칩

간단히 말하면 이익을 많이 낼 수 있는 주식을 가리키는 말입니다. 다른 말로는 '우량주'라고도 표현합니다. 원래 세계 주요 주식 시장의 대표적인 우량주를 일컫는 말로 사용하였는데, 미국 주식 시장에서 건전한 재무 구조를 유지하고 있는 우량주를 가리키기도 합니다. 포커 등에서 파란 패가 가장 점수가 높다는 점에 착안하여 붙여진 이름입니다.

## ★ 옐로우칩

중저가 우량주를 의미하는 증권 용어입니다. 블루칩에 비해 주식 가격이 낮고 블루칩에 못 미치는 종목군이지만, 안정적이며 업종을 대표하는 우량 종목들로 구성된 주식 상품을 의미합니다.

### ★레드칩

블루칩에 대항하여 붙여진 명칭으로 홍콩 증시에 상장된 중국 기업의 주식을 말합니다.

### ★밀레니엄칩

21세기(뉴밀레니엄)를 주도해 나갈 대표적인 기업의 주식을 가리킵니다. 인터넷, 컴퓨터, 반도체, 소프트웨어 등 첨단 기술 관련 산업 기업들의 주식을 의미합니다.

### ★블랙칩

채광업과 관련된 주식 종목을 뜻합니다. 넓은 의미로는 에너지와 관련된 종목 그리고 원자재로 석유를 사용하거나 탐사하는 종목들에 해당하는 주식입니다.

## 생각 모으기 – 저축과 주식 투자

저축과 주식 투자는 여러 면에서 많은 차이점이 있습니다. 저축을 곧게 뻗은 도로를 안전하게 달리는 자동차에 비유한다면, 주식 투자는 매우 비좁은 길을 위태롭게 달려가는 자동차에 견줄 수 있습니다.

저축은 은행에서 개발한 금융 상품에 가입하여 정해진 이윤을 지급받고 거래하는 기간까지 구체적으로 정해져 있는데 반해, 주식 투자는 정해진 이윤이 없으며 투자에 따라 손해와 이익이 결정됩니다.

따라서, 저축은 이익을 볼 수 있는 경우가 대부분이지만, 주식 투자는 이익을 볼 수 있는 가능성만큼이나 실패의 위험도 높다고 할 수 있습니다. 그런데도 많은 사람들이 끊임없이 주식 투자에 열을 올리는 이유는 주식 투자가 저축에 비해 상대적으로 높은 이익을 낼 수 있기 때문입니다.

정해진 기간 동안 정해진 이자율만큼의 이익을 내는 저축은 최근 금리하락으로 재산 증식의 순위에서 밀려나고 있습니다. 많은 사람들이 저축보다 더 큰 이익을 낼 수 있는 수단에 눈을 돌려 주식에 투자하고 있는 것입니다. 물론, 주식으로 많은 이익을 보는 사람들도 있지만, 그에 못지않게 손해를 보고 있는 것도 사실입니다. 그만큼 투자는 저축에 비해 위험성이 크다고 할 수 있습니다.

최근 사회 문제로 떠오른 부동산 가격 상승도 결국 저축으로 얻는 낮은 이익에 실망한 사람들이 더 많은 이익을 올리기 위해 집 또는 땅에 집중적으로 투자하고 있는 결과라고 할 수 있습니다.

모의 주식 투자 놀이를 다음과 같은 방법으로 적용해 볼 수도 있습니다.

## 힌트 주기

모의 주식 투자 놀이를 실행하는 데 주식 가격의 상승과 하락에 대한 힌트를 미리 제시하여 봅시다.

❶ 주식 가격의 제시가 이루어지기 전에 주식을 발행하는 회사와 관련한 여러 가지 뉴스를 게시판을 이용하여 제공합니다. 예를 들어, "○○전자 – 상반기 매출 이익 20억 원" 등의 뉴스를 보도하여 가격 상승에 대한 힌트를 주고 실제로 주식 가격을 상승하여 제시하도록 합니다.

❷ 가격 상승과 하락을 동시에 경험할 수 있도록 다양한 뉴스를 제공하도록 합니다.

## 주가 변화 그래프 그려보기

모의 주식 투자 놀이에 제시되었던 주식 가격 자료를 제시하고 이를 분석하기 위한 그래프를 그려보도록 합니다.

❶ 5분 동안 보여주었던 주식 가격을 하나씩 제시하고 그 중 2~3개 정도의 종목을 선정합니다.

❷ 선정한 종목의 주식 가격 변화 정도를 그래프 형태로 나타내어 봅니다.

❸ 가장 많은 변화를 보인 종목을 찾아봅니다.

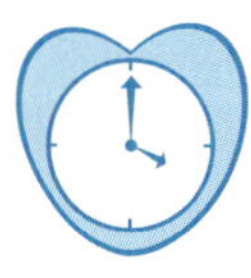

○○은행
○○은
○○농협
새○을금고

# 조사와
# 체험 활동으로
# 하는 경제 탐험

벌써 둘째 마당에 도착했네요!
이번 마당에서는 조사 활동과 체험 활동으로 다양한 경제 현상에 대해 학습하도록 하겠습니다.
우리가 조사해야 할 것은 주식 시세, 금융 상품의 종류, 다양한 형태의 금융 기관, 여러 가지 돈, 영수증, 세금, 상품 가격 등 일상생활에서 쉽게 접할 수 있는 것들입니다.
은행, 화폐 박물관, 용돈 기입장, 가계부, 상품 광고, 아르바이트 등 여러분이 평소에 한번쯤 관심을 가져봤을 것들에 대해 살펴보고 체험해 보는 것도 흥미롭겠죠! 이번 마당에 주어진 과제를 해결하고 경제와 금융에 대한 감각도 쑥쑥 길러보세요.
자, 그럼 출발하겠습니다!

# 7. 돈! 알면 알수록 재미있어요

 **활동 안내**

　돈은 매우 오랜 역사를 지니고 있습니다. 아주 먼 옛날부터 인류는 조개껍데기, 소금, 금, 은, 금속 화폐 그리고 최근 전자 화폐에 이르기까지 매우 다양한 형태의 돈을 발전시켜 왔습니다.

　첫째 마당에서 여러 가지 놀이를 해본 결과 여러분은 돈의 필요성을 어렵지 않게 느낄 수 있었을 것입니다. 만일, 어느 날 갑자기 우리가 사용하는 모든 종류의 돈(신용 카드, 쿠폰, 마일리지 카드 포함)이 모두 사라진다면 어떻게 될까요? 아마 커다란 혼란이 일어나겠죠! 많은 사람들이 물건 구입에 어려움을 겪게 될 것이고 익숙하지 않은 물물교환 방식 때문에 여러 곳에서 불만이 터져 나올 것 같습니다.

　우리는 돈에 대해 많은 것을 알지 못하는 것이 사실입니다. 돈에 대한 조사 활동으로 돈에 숨겨진 비밀을 하나씩 벗겨보도록 하겠습니다.

## 🎲 활동 방법

### 필요한 인원 

4~5명이 한 모둠을 이루어 조사 활동에 참여합니다.

### 활동 기간 🕐  1주일 정도

### 준비물 📦

조사 활동 계획서(부록 : 자료 9), 조사 활동 보고서(부록 : 자료 10), 필기구, 사진기

### 해결해야 할 문제 🔍

❶ 돈은 어떻게 발달해 왔나요?

❷ 한국은행권에 숨겨진 비밀(돈에 숨겨진 표식)은 무엇인가요?

❸ 세계 여러 나라의 돈에는 무엇이 있나요?

❹ 돈과 같은 역할을 하는 것에는 무엇이 있는지 하나만 조사하여 발표해 봅시다.

4~5명의 모둠원이 각각 한 개의 주제를 정하여 조사 학습 보고서를 작성하도록 합니다.

## | 참고할 사이트 |

### 화폐 박물관 (http://museum.komsco.com)

한국은행권을 발행하고 있는 한국조폐공사에서 운영하는 돈과 관련한 사이트로 총 4개의 전시실과 1개의 특별실로 구성되었습니다.

한국조폐공사는 대전에 화폐 박물관을 운영하고 있으며 우리나라의 시대별 화폐와 세계 여러 나라 화폐 그리고 우표에 관해 많은 정보를 제공하고 있습니다.

### 세계 화폐 박물관 (www.numerousmoney.com)

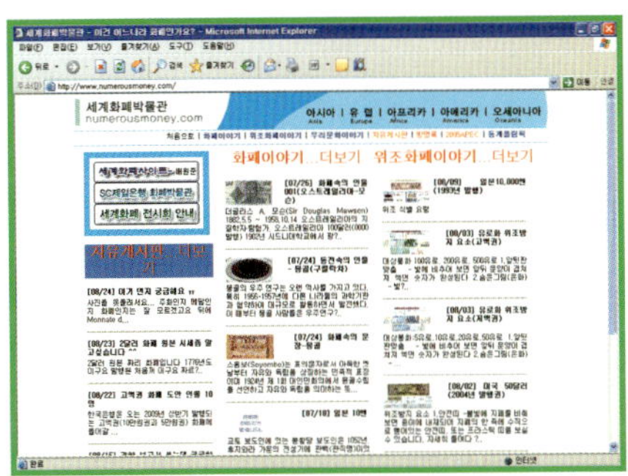

세계 각 대륙별, 국가별로 발행한 여러 가지 은행권(돈)에 관해 다양한 사진 자료를 비롯한 상세한 정보를 제공하고 있습니다. 한국조폐공사에서 운영하는 화폐 박물관이 주로 국내 화폐를 중심으로 하는 자료를 전시하고 있다면, 이곳은 세계 각 지역별로 발행하는 다양한 종류의 화폐와 아울러 그 단위와 관련한 사진 자료를 찾아볼 수 있는 장점이 있습니다.

# 01

조사 활동 계획부터 세워봅니다(부록 : 자료 7 – 조사 활동 계획서).

## 여기서 잠깐 STOP

조사 활동 계획을 세울 때 각 모둠별로 자신이 조사할 과제의 주제를 한 가지씩 정합니다. 조사 활동 계획부터 보고서 발표까지 모든 것을 일주일 정도의 기간 동안 이루도록 합니다.

조사 활동을 계획할 때 유의할 점은 조사 활동 방법을 선정하는 것입니다. 인터넷을 활용할 것인지, 책을 이용할 것인지, 직접 돈과 관련한 특수 박물관을 방문할 것인지를 모둠원과 상의하여 정하도록 합니다.



# 02

구체적인 활동 일정표를 만들어 봅니다.
- 날짜별, 모둠별, 개인별로 조사할 내용을 정하고 활동 일정표를 세워 계획적으로 움직여 봅시다.

# 03

계획한 내용에 따라 구체적으로 조사 활동에 참여합니다.

- 조사 학습을 효과적으로 실행하려면 사전에 조사 대상 기관에 대한 교통 정보, 위치, 개관(업무) 시간 등을 미리 파악하고 사진기를 준비하여 관련 자료를 촬영하거나 수집할 수 있도록 합니다.
- 인터넷이나 문헌 자료를 조사할 때는 관련 자료를 반드시 출력하여 주요 내용을 간추려 보고서로 기록하며, 참고한 책이나 사이트 이름을 기록하도록 합니다.

# 04

모둠원이 조사한 내용을 모두 모아 하나의 조사 학습 보고서로 새롭게 꾸며봅니다.

- 이 경우 각자의 보고서를 코너 하나로 만들어 한 권의 책으로 만듭니다.

## 유의할 점 ⚠

- 정해진 기간 안에 모둠원 전체가 과제를 할 수 있도록 해야 합니다.
- 조사 학습 과정 중 안전사고에 유의할 수 있도록 합니다.
- 조사 학습 장소에 대한 참고 자료를 지참하여 효과적인 활동이 되도록 계획합니다.

## 생각해 보기

- 돈이 가진 다양한 기능에는 무엇이 있습니까?
- 미래 사회에는 과연 어떤 돈이 출현할까요?

## 📙 읽을거리 ❶ 위조 방지 마크

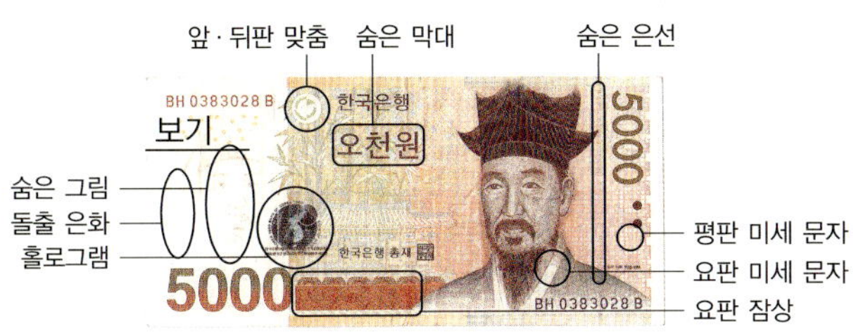

우리나라의 중앙은행은 한국은행입니다. 한국은행에서 발행하는 우리나라 공식 화폐를 '한국은행권'이라고 합니다.

한국은행권에는 위조를 방지하기 위한 다양한 장치가 마련되어 있습니다. 5천 원권 앞뒤에는 보는 바와 같이 홀로그램, 숨은 그림, 미세 문자 등 무려 12가지 위조 방지 마크가 있습니다. 천 원권과 만 원권에도 이러한 위조 방지 마크가 있음을 알 수 있습니다. 여러분이 가진 돈의 위조 방지 표식을 찾아보도록 합시다.


## 📙 읽을거리 ❷ 돈의 역사

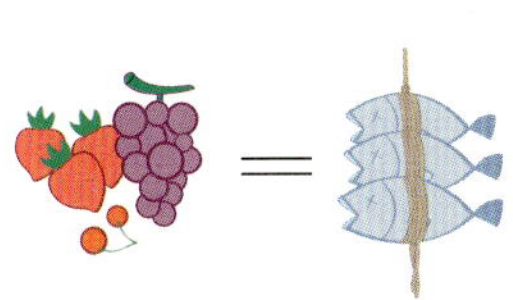

아주 오래전 옛날에는 수렵 활동과 채집 활동으로 생활하였습니다. 따라서 사람들은 자신이 가진 물건과 그렇지 못한 것을 바꾸어 필요한 것을 마련하였습니다.

　그러다가 서로 다른 종류의 물건을 교환하려고 조개껍데기 화폐를 활용하였습니다. 그러나 조개껍데기는 너무 흔하여 값을 매기는 데 별 도움이 되지 못했습니다.

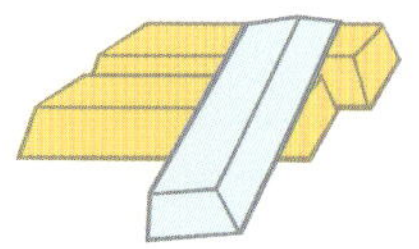

　세월이 흘러 사람들은 금과 은을 조개껍데기를 대신하는 돈으로 활용했습니다. 하지만, 금과 은은 너무 귀하고 가지고 다니며 물건 값을 치르기에는 무겁고 불편했습니다. 그래서 또 고민했습니다.

　그리고 또 아이디어를 냈습니다. 그것은 우리가 흔히 돈이라고 부르는 지폐와 동전을 만든 것입니다. 사람들은 지폐와 동전을 활용하여 편리하게 물건을 사고팔 수 있게 되었습니다.

　그렇지만 사람들은 이 편리한 돈으로도 만족하지 못했습니다. 씀씀이가 커지면서 많은 양의 돈을 무겁고 불편하게 가지고 다니기 싫어했습니다. 그래서 등장한 것이 '수표'입니다.

　사람들은 또 다시 아이디어를 모아서 좀더 편리한 돈을 만들려고 했습니다. 그 결과 탄생한 것이 바로 '신용 카드'입니다. 오늘날은 신용 카드 한 장만 있으면 여러 가지 일을 쉽게 할 수 있습니다.

　돈의 역사는 여기에서 끝나지 않습니다. 최근 인터넷의 등장과 함께 사람들은 가상 공간에서도 통용할 수 있는 돈이 필요했습니다. 그래서 '사이버머니'를 만들었습니다.

## 생각 모으기 – 돈의 기능

돈에는 여러 가지 다양한 기능이 있습니다.

첫째, 물건을 사고자 하는 사람과 팔고자 하는 사람을 연결시켜 주는 기능입니다.

둘째, 물건 값을 계산하는 단위의 기능입니다. 사물의 크기나 길이(cm, m, km 등), 무게(g, kg, t 등)를 재는 여러 가지 단위가 있듯이 다양한 물건의 가치를 환산하는 단위도 있는데 돈이 바로 그것입니다.

셋째, 축적 기능이 있습니다. 은행에 예금을 하면 그만큼의 돈을 모으고 있는 것입니다.

# 8. 금융 상품, 이런 것도 있어요

 ## 활동 안내

은행은 대표적인 금융 기관입니다. 사실 금융 기관에는 여러 가지 종류가 있습니다. 우리가 흔히 알고 있는 은행 외에도 농업·수산업 협동조합, 신용협동조합, 새마을금고, ○○저축 은행 등이 있습니다.

보험 회사, 증권 회사, 투자 신탁 회사 등의 이름이 붙은 기관도 넓게는 금융 기관에 들어간다고 할 수 있습니다. 그리고 우체국도 금융 기관으로서 역할을 하고 있습니다.

지금부터 생활 주변에서 쉽게 접할 수 있는 다양한 형태의 금융 기관에 대해 조사해 보고, 이들 금융 기관에서는 어떤 상품을 개발하여 판매하고 있는지 살펴보도록 하겠습니다.

# 활동 방법

## 필요한 인원

5~6명이 한 모둠을 이루어 조사 활동에 참여합니다.

## 활동 기간   1주일 정도

## 준비물   조사 활동 계획서(부록 : 자료 9), 조사 활동 보고서(부록

: 자료 10), 필기구, 사진기

## 해결해야 할 문제

❶ 은행은 주로 무슨 일을 하며, 무슨 금융 상품을 거래하나요?

❷ 협동조합은 주로 무슨 일을 하며, 무슨 금융 상품을 다루나요?

❸ 새마을금고와 은행은 주로 무슨 일을 하며, 금융 상품으로는 무
  엇을 거래하나요?

❹ 증권 회사는 주로 무슨 일을 하며, 금융 상품으로는 무엇을 다루
  나요?

❺ 보험 회사는 주로 무슨 일을 하며, 금융 상품에는 무엇이 있나요?

❻ 우체국은 주로 무슨 일을 하며 거래하는 금융 상품에는 무엇이
  있나요?

5~6명의 모둠원이 각각 하나의 주제를 선정하여 조사 학습 보고서
를 작성하도록 합니다.

## KB국민은행 (www.kbstar.com)

KB국민은행에서 운영하는 사이트로 개인 금융, 기업 금융, 신용 카드, 외환, 부동산, 복권 등 해당 은행에서 주로 다루는 업무를 보기 쉽게 정리하고 있으며, 각 코너별 금융 상품을 자세히 안내하고 있습니다.

## 농업협동조합 (www.nonghyup.com)

농업협동조합 중앙회에서 운영하는 사이트로 금융, 농산물 유통, 보험 업무 등에 대한 자료를 제공하고 있습니다.

## 새마을금고연합회 (www.kfcc.co.kr)

새마을금고연합회에서 운영하는 사이트로 인터넷 뱅킹, 금융 상품, 공제 상품 등 다양한 금융 상품에 대하여 안내하고 있습니다.

### 삼성 증권 (www.samsungfn.com)

삼성 증권에서 운영하는 사이트로 다양한 투자 상품 및 주식 관련 금융 상품에 대해 안내하고 있습니다.

### 알리안츠 생명 (www.allianzlife.co.kr)

외국계 생명 보험 회사인 알리안츠 생명에서 운영하는 사이트로 종신, 변액, 연금 등의 보험 상품과 대출 서비스 등 다양한 형태의 금융 상품에 대해 안내하고 있습니다.

### 우체국 (www.epostbank.go.kr)

우체국은 우편 업무 뿐 아니라 금융 서비스도 겸하고 있습니다. 입출금이 가능한 예금 상품, 목돈 마련 예금 상품, 우체국 정기 예금, 우체국 보험 상품 등을 개발하여 판매하고 있으며, 경조금 배달 서비스, 우편환 및 우편 대체 서비스 등 우체국만의 특별한 금융 서비스를 제공하고 있습니다.

## 01

조사 활동 계획부터 세워봅니다(부록 : 자료 9 – 조사 활동 계획서).

### 여기서 잠깐 🚫STOP

금융 상품을 조사하는 방법으로는 직접 해당 금융 기관을 방문하거나 인터넷 사이트를 이용하는 것이 있습니다. 금융 기관을 직접 방문하더라도 인터넷 자료를 조사하는 것은 매우 필수적입니다. 해당 금융 기관에서는 무슨 금융 상품을 다루는지 인터넷으로 미리 정보를 수집한 후 현장에서 궁금한 점을 추가로 알아보면 조사를 훨씬 쉽고 자세하게 할 수 있습니다.

## 02

현장을 견학하거나 조사하러 나갈 경우 해당 금융 기관의 위치와 금융 업무가 바쁜 시간과 한가한 시간을 미리 알아두는 것이 필요합니다.

● 일반적으로 대부분의 금융 기관은 매월 말일경(25~31일)에 여러 가지 업무로 바쁘기 때문에 이 기간 동안은 조사 활동을 피하는 것이 좋습니다.

# 03

인터넷에서 소개하지 않은 각종 금융 상품에 대한 정보는 현장 견학이나 조사 활동으로 가능한 한 많이 수집할 필요가 있습니다.

- 현장 견학을 할 때는 해당 은행에서 발행한 금융 상품 안내 자료 등을 수집하여 구체적으로 어떤 업무를 하고 있는지 조사해야 합니다.

# 04

은행 창구에서 근무하는 은행원들과 직접 인터뷰하여 자신에게 알맞은 금융 상품과 그것을 이용하기 위한 가입 절차에 대해 정보를 얻습니다.

- 은행에는 각기 다른 특징을 가진 다양한 금융 상품이 있습니다. 은행에서 다루고 있는 각양각색의 금융 상품을 인터뷰로 조사합니다.

## 유의할 점 ⚠️

- 미리 인터뷰하거나 조사할 내용을 선정합니다.
- 다양한 금융 기관의 금융 상품을 조사해 보고 일상생활과 직접 관련된 상품에 대해 알아봅니다.


## 생각해 보기

- 은행의 금융 상품에는 크게 무엇이 있나요?
- 초등학생과 관련한 금융 상품으로는 무엇이 있으며, 그것은 다른 금융 상품과 무슨 차이점이 있나요?

 ## 읽을거리 – 다양한 금융 기관

금융 기관을 나누는 기준은 매우 다양합니다. 하지만, 일반적으로 특수 은행, 일반 은행, 협동조합, 기타 금융 기관 등으로 나누어 볼 수 있습니다.

### 특수 은행

대표적인 특수 은행으로는 한국은행과 한국산업은행을 들 수 있습니다. 특히 한국은행은 우리나라의 중앙은행으로 한국은행권을 발행하고 있습니다. 한국은행은 예금, 대출, 송금 등 일반 은행이 담당하는 업무는 전혀 하지 않으며, 우리나라 전체에 유통되는 돈의 양(통화량)을 조절하고 물가를 관리하고 있습니다. 한편, 산업은행은 기업이나 회사에 돈을 빌려주고 산업을 발달시키는 데 많은 기여를 하고 있습니다.

### 일반 은행

우리가 대체로 은행이라 부르는 금융 기관을 말합니다. 일반 은행은 다시 8개 시중 은행 즉 KB국민은행, 우리은행, SC제일은행, 하나은행, 외환은행, 신한은행, 기업은행, 씨티은행과 6개 지방 은행인 부산은행, 광주은행, 경남은행, 전북은행, 대구은행, 제주은행으로 나눌 수 있습니다.

일반 은행은 크게 예금 업무, 송금 업무, 대출 업무, 공과금 수납, 신용 카드 업무 등을 하고 있습니다.

## 협동조합

협동조합 역시 일반 은행처럼 다양한 금융 상품을 취급하고 있으며, 최근에는 보험 업무까지 영역을 확대하고 있습니다. 농업협동조합, 수산업협동조합, 중소기업협동조합 등이 대표적인 곳입니다.

## 기타 금융 기관

기타 금융 기관으로는 보험 회사, 증권 회사 등이 있습니다. 보험 회사는 보험 상품을 개발하여 불의의 사고에 대비할 수 있도록 돕습니다. 자동차 보험, 생명 보험, 연금, 교육 보험 등이 대표적인 상품입니다. 증권 회사는 기업이 발행한 증권을 사고팔거나 기업에 필요한 자금을 제공합니다.

　금융 상품이란 금융 기관에서 이윤을 얻으려고 만든 것을 말합니다. 예금과 적금이 전부이던 과거에 비해 최근에는 은행마다 매우 다양한 상품을 개발하여 제공하고 있습니다.

　세금 우대 혜택을 받는 금융 상품, 은행의 투자 성과에 따라 높은 이자를 받을 수 있는 펀드형 금융 상품, 주택 마련을 위한 장기 주택 마련 저축, 증권 투자와 연계한 금융 상품 등 갖가지 금융 상품을 개발하여 판매하고 있습니다.

　지난 월드컵 축구 경기 때에는 국내 어느 은행에서 우리나라 축구 대표팀이 16강에 진출하면 파격적인 이자 혜택을 주는 금융 상품을 개발하여 사람들의 관심을 끄는 등 여러 가지 맞춤형 금융 상품들을 속속 선보였습니다.

　중요한 것은 많은 금융 상품 중 자신에게 적합한 것을 찾아내어 활용하는 것입니다. '구슬이 서 말이라도 꿰어야 보배'인 것처럼 여러 가지 다양한 금융 상품 중 자신에게 가장 적합한 것을 찾아 유리한 조건으로 활용하는 태도가 필요합니다.

# 9. 영수증에 숨겨진 비밀들

##  활동 안내

비행기에는 블랙박스(Black box)라는 것이 있습니다. 블랙박스는 비행기 조종사와 지상의 관제사가 나눈 이야기를 담고 있는 녹음 장치의 일종입니다.

우리가 하는 경제 활동도 블랙박스와 같이 기록으로 남습니다. 구입한 물건의 수량, 가격, 구매한 곳, 지출한 곳, 물건을 살 때 낸 세금 등 여러 가지 다양한 정보가 고스란히 담겨 있는 것이 있습니다. 그것은 바로 영수증입니다.

영수증은 블랙박스처럼 경제 활동의 상당 부분을 직접 보지 않고도 알 수 있게 해줍니다.

하지만, 대부분 사람들은 영수증에 대해 무관심한 편입니다. 이번 시간에는 영수증에 담긴 여러 가지 숨겨진 비밀을 하나씩 풀어나가도록 하겠습니다.

## 활동 방법

### 필요한 인원

인원 제한이 없습니다.

### 활동 시간    40분

### 준비물

조사 활동 보고서(부록 : 자료 10), 필기구, 물건을 사고 받은 영수증

### 해결해야 할 문제

❶ 영수증에 기록된 물건을 구입하기 위해 지출한 돈은 모두 얼마
  인가요?

❷ 물건 구입을 위해 지출한 돈 중 세금은 얼마이며, 전체 지출액의
  몇 퍼센트를 차지하나요?

❸ 영수증 바코드가 구체적으로 상징하는 것은 무엇인가요?

❹ 영수증에 나타난 다른 정보는 무엇이 있나요?

❺ 물건을 구입한 판매점에 대한 정보는 무엇이 있나요?

## 01

영수증을 수집하여 봅시다.

**여기서 잠깐** STOP

영수증은 여러 가지 종류가 있습니다. 하지만, 크게 두 가지 정도로 나눌 수 있습니다. 대형 마트, 백화점 등에서 전산 처리하여 소비 활동에 관한 정보를 한눈에 알 수 있게 하는 영수증이 있는가 하면, 직접 손으로 기록한 간이영수증이 있습니다. 이번 활동에 필요한 영수증은 전산 처리한 영수증입니다.

## 02

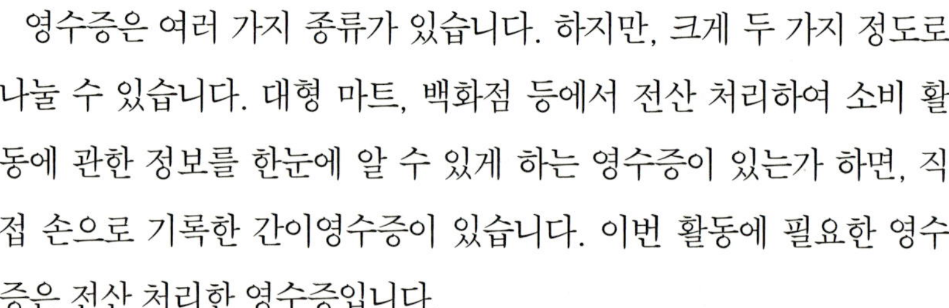

영수증의 종류를 확인하여 봅시다.
- 영수증은 다양한 형태로 발행되고 있습니다. 소비자가 신용 카드로 값을 치렀을 때는 물건을 구매한 정보나 사용한 신용 카드에 대한 정보가 고스란히 기록됩니다.
- 한편, 현금영수증이라는 것도 있습니다. 물건 값을 신용 카드가 아닌 현금이나 상품권 등으로 치를 경우 현금영수증을 발행해 달라고 요구할 수 있습니다.

# 03

영수증에 기록된 다양한 정보를 확인하여 봅시다.

● 영수증에는 다음과 같은 다양한 정보가 담겨 있습니다.



**(주) 가림쇼핑**

163-83-016533 강··
서울특별시 광진구 구의동
영업시간: 10시~익일 01시까지(5/4~8/31)
판매책임자: 신OO  02)458-64··
[등록] 2006-06-04 16:02  /P03:0020-0010

---

| 상품코드 | 단가 | 수량 | 금액 |
|---|---|---|---|
| 001 가림유업>오렌지 | | | |
| 8809978657642 | 2750 | 2 | |
| 5140 | | | |
| 002 나이스제과>웨하스 | | | |
| 8807189897011 | 870 | 1 | 870 |
| 003 K유업>요쿠르트100·15 | | | |
| 8802783349315 | 1580 | 1 | 1580 |
| 004 BN농산>계란 15입 | | | |
| 8801879545641 | 2600 | 1 | |
| 2600 | | | |
| **합계** | | | 10190 |
| **장바구니할인** | | | -50 |
| **받을금액** | | | 10140 |
| 부가세 면세 물품 | | | 2600 |
| 부가세과세물품가액 | | | 7540 |

·표시는 부가세 면세 품목입니다.

| 타사카드 | | | CARD |
|---|---|---|---|
| 0011 IS 비자 | | | |
| 카드번호 | | | 491978764911···· |
| 거래구분 | 할부 | | 2 |
| 승인번호 KOVAN | | | 19978112 |
| **청구액** | | | 10140 |

| 회원: 879802351 | 전OO님(일반) |
|---|---|
| 금회포인트: 123 | 최종포인트: 6978 |

```
507687239929029·3748
```

교환/환불은 영수증 지참고객에 한하며
지급된 증정품은 반납해 주시기 바랍니다.

● 영수증을 발행한 곳(대형 마트 또는 가게)의 정보가 담겨 있습니다. 예) 대형 마트(가게) 상호(이름), 사업등록번호, 대표자 이름, 연락처, 영업 시간, 판매 책임자 등

● 구입한 상품에 대한 정보가 담겨 있습니다. 예) 상품 이름, 구입한 양, 상품에 부착된 상품 정보(바코드 번호), 금액 등

● 상품 가격과 구입 방법에 관련된 정보가 나타나 있습니다. 예) 가격, 할인 금액, 사용한 신용 카드의 종류, 구입 방법(일시불, 할부) 등

● 마일리지 카드를 사용한 경우 관련 정보도 기록되어 있습니다. 예) 마일리지 포인트 점수, 마일리지 카드 번호, 영수증 바코드 등

현금으로 물건 값을 치른 경우 세금 공제 혜택을 받을 수 있도록 '현금(지출증빙)' 또는 '현금(소득공제)' 등의 글자가 나타납니다.

물건의 총 가격(세금 포함)이 기록됩니다. 참고로 세금(부가가치세＝VAT)은 물건 가격의 10퍼센트가 부과됩니다. 물건 가격이 9,091원일 때 부가세는 909원이 됩니다.

현금영수증은 5,000원 이상의 물건을 사고 현금으로 계산했을 때 발행합니다.

국세청 현금영수증 홈페이지에 대한 안내입니다.

## 유의할 점 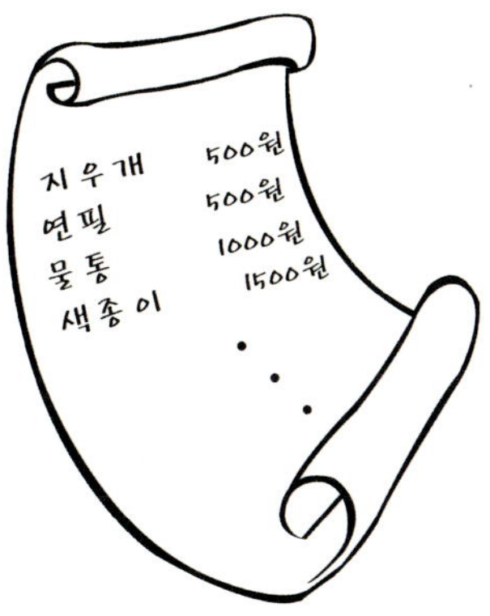

- 간이영수증으로는 다양한 정보를 얻을 수 없음을 알고 반드시 전산 처리한 영수증이나 전표를 이용하도록 합니다.

## 생각해 보기

- 물건을 구입할 때 영수증을 반드시 발급 받아야 하는 이유는 무엇일까요?
- 영수증에 상품 판매 정보를 다양하게 나타낸 이유는 무엇일까요?

국세청은 세금을 걷는 역할을 합니다. 그러므로 국세청은 개인과 기업 등에서 이루어지고 있는 상품 판매에 대한 정보를 빠짐없이 파악해야 합니다.

하지만, 모든 거래에 대한 자료를 빠짐없이 파악하기에는 매우 어려운 점이 있습니다. 많은 사람들이 세금을 덜 내려고(탈세) 자료를 조작하기 때문입니다.

탈세를 방지하려고 도입한 것이 바로 현금영수증입니다.

현금영수증은 5,000원 이상의 물건을 사고 값을 치를 때에만 발행할 수 있습니다. 현금영수증을 발급받으면 연말에 소득 공제 혜택을 누릴 수 있습니다. 또한, 자신의 소비 생활 경향을 수시로 확인하여 과소비를 줄일 수 있는 장점이 있습니다. 그럼, 지금부터 국세청 현금영수증 사이트로 들어가 볼까요?

우선, 현금영수증 발급에 필요한 절차를 간략하게 줄여주는 현금영수증 카드에 대한 설명부터 하겠습니다. 현금영수증 카드는 물건을 구입하려는 사람의 다양한 정보가 저장되어 있으며, 현금으로 물건 값을 치를 때 같이 제시합니다. 현금영수증 카드가 없을 때는 자신의 전화 번호, 신용 카드 번호, 주민 등록 번호 등을 제시하면 현금영수증을 발급받을 수 있습니다.

현금영수증 카드는 국세청 현금영수증 사이트에서 등록하여 사용할 수 있는데 그 과정은 다음과 같습니다.

# 국세청 현금영수증 홈페이지(www.taxsave.go.kr)

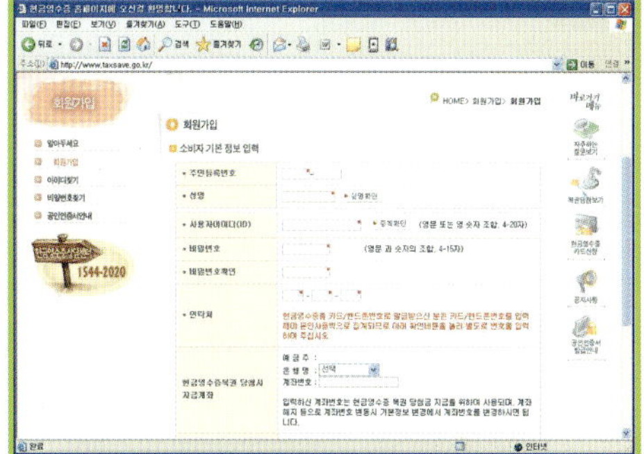

❶ 현금영수증 사이트를 이용하려면 회원 가입을 해야 합니다. 회원 가입 메뉴에 들어가 회원 등록을 합니다.

❷ 회원 등록을 할 때 현금영수증 카드를 사용하는 데 필요한 여러 가지 정보를 같이 입력합니다. 현금영수증 카드 번호, 신용 카드 번호, 휴대 전화 번호 등이 그것입니다.

현금영수증 사용 현황은 사용 내역 조회 메뉴의 월별, 건별 사용 내역 조회로 확인할 수 있습니다.

※ 현금영수증에 대해 궁금한 사항은 1544-2020(국세청 현금영수증 상담 센터)에 문의하여 확인할 수 있습니다.

 ## 생각 모으기 – 영수증

이번 시간에는 영수증에 대하여 알아보았습니다. 영수증이란 다양한 물품 구입 정보가 담긴 블랙박스와 같습니다. 영수증은 언제, 어디에서, 어떤 종류의 물건을 얼마나, 어떠한 방법으로 구입하고 판매했는지를 쉽게 알 수 있도록 해줍니다. 영수증은 우리 생활에 없어서는 안 되는 매우 중요한 경제 활동 수단입니다.

영수증을 이용하면 상품 정보뿐만 아니라 자신의 소비 성향에 대해서도 쉽게 파악할 수 있으며, 건전하고 합리적인 소비 생활을 유지하는 데 많은 도움을 얻을 수 있습니다.



한편, 요즈음에는 그동안 현금으로 물건을 사고팔 때 별다른 역할을 하지 못했던 영수증에 소득 공제(세금을 깎아주는) 기능을 첨가한 현금영수증이 등장하여 생활에 기여하고 있습니다.

이렇듯 영수증은 이미 우리 생활에서 떼어놓을 수 없는 매우 중요한 존재로 자리 잡아가고 있습니다. 특히 영수증은 물건을 교환하거나 돈을 되돌려 받을 때 (환불) 반드시 필요합니다.

영수증 사용을 생활화하여 건전하고 합리적인 경제 생활 습관을 만들어가도록 노력합시다.

# 10. 생활 속 세금, 이런 것이 있어요

 **활동 안내**

매월 말이면 은행을 비롯한 금융 기관은 많은 사람들로 붐빕니다. 그 이유 중 하나는 대부분의 세금 납부 기한이 월말(25일~31일 사이)에 몰려 있기 때문입니다.

그러면 과연 우리가 부담하고 있는 세금에는 무슨 종류가 있을까요? 자세히 살펴보지 않으면 모르겠지만 관심을 두고 지켜보면 우리 생활의 상당 부분이 세금과 관련을 가지고 있음을 알 수 있습니다.

그럼 이제 우리 생활 속의 세금에 대해 알아보도록 하겠습니다.

## 활동 방법

### 필요한 인원

4~5명이 한 모둠을 이룹니다.

### 활동 시간   40분

### 준비물

조사 활동 보고서(부록 : 자료 10), 필기구, 세금 고지서

### 해결해야 할 문제

❶ 세금이란 무엇이며 어떤 경우에 부과하나요?

❷ 세금의 종류에는 무엇이 있나요?

❸ 세금은 무슨 방법으로 납부하나요?

❹ 만일 세금이 없다면 무슨 일이 일어날까요?

### 활동은 이렇게

## 01

세금 고지서를 수집합니다.

세금 고지서를 수집하려면 먼저 세금에 대해 알아야 합니다. 우리 나라의 세금은 크게 국세와 지방세로 나눌 수 있습니다.

국세는 국가(행정부)에서 부과하는 세금으로 내국세와 관세로 분류합니다. 국세청에서 부과하는 내국세는 중앙 정부의 살림살이를 위해 사용합니다. 대표적인 내국세로는 1년간 벌어들인 돈에 부과하는 소득세가 있습니다. 관세는 외국에서 수입하는 물품에 부과하는 세금으로 관세청에서 그 업무를 담당하고 있습니다.

지방세는 시 · 도 · 군 · 구 등 지방 자치 단체의 살림살이를 위해 사용하는 세금으로, 대표적인 것으로는 재산세와 자동차세, 주민세가 있습니다.

# 02

세금 고지서에 기록된 세금에 관련한 내용에 대하여 살펴봅니다.
● 영수증과 마찬가지로 세금 고지서에도 여러 가지 정보들이 담겨 있습니다.

# 여기서 잠깐 🚫STOP – 세금 고지서에 담긴 정보

❶

○○시 주민세[개인균등할]납세 고지서 겸 영수증[ 정기분]  ❷ 납세자 보관용  ○○시 360

❸

| 과세<br>기관 | 검 | 회계 | 과목 | 년도 | 월 | 기분 | 동 | 과세<br>번호 | 검 |
|---|---|---|---|---|---|---|---|---|---|
| 620 | 454 | 40 | 104 | 2007 | 08 | 1 | 520 | 011723 | 2 |

| 납기내 | 2007 / 08 / 31 |
|---|---|
| 납기후 | 2007 / 09 / 30 |

납세자 : 김○○
주  소 : 경기도 구리시 ○○동 ○○-○○번지  ❾
과세대상 : 2007년 개인균등할 정기분[김○○]

❹

| 납 부 기 한 | 2007년 8월 31일 | 2007년 9월 30일 | 세대주 |
|---|---|---|---|
| 세  목 | 납기내 | 납기후 | 김○○ |
| 주 민 세 | 4000 | 4120 | |
| 지방교육세 | 4400 | 4530 | |

❺ ❻ ❼

위 금액을 납부하시기 바랍니다.  2007년 8월  일 ❽

○ ○ 시 장

❶ 세금을 부과하는 지방 자치 단체와 세금 종류를 알 수 있습니다.

❷ 세금을 부과할 때 납세자(세금을 내는 사람)가 보관하는 자료임을 말해줍니다.

❸ 언제까지 세금을 내야 하는지를 알려줍니다. 납기 내와 납기 후로 나누어져 있습니다.

● 납기 내 : 세금을 납부해야 하는 기간입니다. 여기에서는 2007년 8월 31일까지로 정해져 있습니다.

● 납기 후 : 납기 후에는 가산세가 적용됩니다. 여기에서는 2007년 9월 30일까지로 정해져 있습니다.

❹ 주민 등록상 세대주(가정의 대표자)의 이름을 알 수 있습니다.

❺ 부과되는 세금의 종류를 알려줍니다.

❻ 납기 내(여기에서는 2007년 8월 31일)에 세금을 내는 경우 납부할 금액을 말해줍니다.

❼ 납기 후(여기에서는 2007년 9월 30일)에 세금을 내는 경우 납부할 금액을 알려줍니다.

❽ 세금 고지서를 발행한 날짜를 기록하였습니다.

❾ 납세자에 대한 정보를 알 수 있도록 합니다. 반드시 확인해야 할 부분입니다.

## 03

다양한 형태의 세금 고지서를 수집하여 기록된 여러 가지 정보를 살펴봅시다.

**여기서 잠깐** STOP **– 우리 주변의 세금**

우리 주변에서 가장 쉽게 접할 수 있는 세금의 종류로는 부가가치세, 주민세, 자동차세, 재산세 등이 있습니다. 그 중 부가가치세는 물건 가격의 일부로 포함되어 있어 별도의 세금 고지서를 발행하지 않습니다. 하지만, 지방세인 자동차세, 주민세, 재산세 등은 정기적으로 고지서를 발행하여 납부 기간 내에 세금을 낼 수 있도록 안내하고 있습니다.

### 유의할 점

세금과는 다른 종류의 공과금들이 있습니다. 대표적인 것이 휴대 전화 사용료입니다. 물론, 휴대 전화 사용료에도 세금이 부과되지만, 국가나 지방 자치 단체가 아니라 이동 통신 회사가 사용료를 거둔다는 점에서 세금과는 다르다고 할 수 있습니다.

### 생각해 보기

- 우리 생활에서 쉽게 접하는 세금에는 무엇이 있을까요?
- 세금은 어떤 곳에 사용하는지 알아봅시다.
- 우리 주변에서 세금이 사용되는 사례를 찾아봅시다.

 ## 읽을거리 ❶ 석유 가격에 포함된 세금

일상생활 속에서 우리는 알게 모르게 세금을 내고 있습니다. 하지만, 우리는 세금을 내고 있다는 것을 잘 인식하지 못합니다. 그것은 세금이 제품의 가격에  포함되어 있기 때문입니다. 여기에서는 석유 제품에 포함된 세금에 대해 살펴보도록 하겠습니다.

휘발유는 대표적인 석유 제품입니다. 승용차의 연료로 이용되는 휘발유 가격에는 상당 부분 세금이 포함되어 있습니다.

휘발유의 가격을 14,756원이라고 할 때 왼쪽 그림과 같이 전체 휘발유 가격의 약 60퍼센트 정도는 세금이라고 할 수 있습니다. 구체적으로는 교통세, 부가가치세, 주행세, 교육세 등이 부과되고 있습니다. 정도의 차이는 있지만 자동차 연료로 사용하는 경유에도 비슷한 액수의 세금이 부과되고 있습니다.

##  읽을거리 ❷ 면세 제품

물건을 사거나 팔 때는 대부분 세금을 내어야 합니다. 하지만, 세금을 내지 않아도 되는 경우가 있습니다. 이런 상품을 '면세품' 이라고 합니다.

면세품은 매우 특이한 항목으로 제한하고 있습니다. 대표적인 예가 면세유(세금을 부과하지 않는 석유)라고 할 수 있습니다.

면세유는 1차 산업인 농업, 어업 등에 종사하는 사람들에 한정하여 정부가 세금을 부과하지 않는 석유입니다.

하지만, 농민이나 어민이라고 하여 석유류를 사용할 때 무조건 세금을 내지 않아도 되는 것은 아닙니다. 경운기나 트랙터 또는 선박을

소유하고 이 사실을 취급 기관에 확인한 다음 1년간 평균 사용량을 계산하여 정해진 만큼의 사용 한도를 받고, 지정 주유소에서 유류를 면세로 지급받습니다.

 ## 생각 모으기 – 세금

　이번 시간에는 세금에 대하여 학습해 보았습니다. 세금은 우리 생활과 매우 밀접한 관련이 있으며 물건을 사거나 팔 때에 반드시 부과되는 특성이 있습니다.

　세금은 종류가 매우 다양하며, 물건에 따라 부과되는 비율도 다르며, 세금을 부과하는 기관도 세금 종류에 따라 달라지는 경우가 많습니다. 세금이 우리 생활에 사용되는 곳을 살펴보면 다음과 같습니다.

### 국가나 지방 자치 단체의 살림살이

　우리가 낸 세금은 국가나 지방 자치 단체(시·도·군·구)의 살림살이에 사용합니다.

### 공공질서유지, 사회 안정

　공공질서를 유지하며 범죄를 예방하거나 수사하고 사회의 안정을 유지하는 데에도 세금을 이용합니다.

다양한 형태의 사회 간접 자본을 마련하는 데도 세금을 사용합니다. 사회 간접 자본이란 국민 경제 발전의 기초가 되는 도로, 항만, 철도, 통신, 전력, 수도 따위의 공공시설을 말합니다.

군대 유지

우리나라를 지키는 군대도 국민의 세금으로 운영합니다.

기타 여러 가지 사업

장애인을 지원하고 경제적인 어려움을 당하거나 재난을 입은 사람들을 돕는 데 이용합니다.

 ## 활동 안내

　시장에서 사고파는 물건 값은 시간의 변화에 따라 계속 변합니다. 하지만, 판매되는 품목의 값을 구체적으로 조사하지 않으면 얼마 동안에 가격이 얼마만큼 변화하고 있는지 알 수 없습니다.

　본 활동은 재래시장과 대형 마트, 인터넷 쇼핑을 중심으로 물건 값의 변화를 조사하여 봄으로써 가격 변화를 실질적으로 체험하는 기회를 갖게 해줍니다.

　같은 물건이 판매하는 장소나 시간에 따라 상당히 많은 가격 차이를 보이고 있음을 확인함으로써 유통 과정이 가격 결정에 어떠한 영향을 끼치고 있는지를 알 수 있습니다.

## 활동 방법

### 필요한 인원

2~3명이 한 모둠을 이룹니다.

### 활동 시간

2주일 정도

### 준비물

조사 활동 보고서(부록 : 자료 10), 필기구

### 해결해야 할 문제

❶ 시간에 따라 물건 가격은 어떻게 변화하고 있나요?

❷ 물건을 판매하는 장소에 따라 물건 값이 차이를 보이고 있나요?

❸ 물건의 가격 결정에 영향을 주는 요인에는 무엇이 있나요?

❹ 만일 세금이 없다면 무슨 일이 일어날까요?

### 활동은 이렇게

## 01

조사할 물건이나 상품 종류를 결정합니다.
조사 대상 품목을 10개 정도로 다음과 같이 선정하여 봅니다.

조사할 상품을 다음과 같이 선정하여 보는 것은 어떨까요?

- 농산물(채소류) – 배추, 오이, 무, 상치 등에서 하나를 선택합니다.
- 농산물(과일류) – 제철 과일 중 한 가지를 선택합니다.
- 축산물(육류) – 돼지고기, 쇠고기 중 하나의 품목을 선정합니다. 육류는 부위별로 가격이 다를 수 있음을 염두에 둡니다.
- 수산물(생선류) – 생선이나 수산물 중 하나의 품목을 정합니다.
- 식품류(스낵류) – 과자류, 스낵류에서 품목 하나를 선정합니다.
- 생활용품(위생용품) – 치약, 칫솔, 기저귀 등에서 하나를 정합니다.
- 생활용품(잡화류) – 신발, 의류, 일상생활 용품 등에서 품목 하나를 선택합니다.
- 생활용품(가전제품) – 텔레비전, 냉장고 등 가전제품 중 하나의 품목을 선정합니다.

# 02

물건 값을 조사할 장소를 선정하여 봅니다.
여기에서는 재래시장, 대형 마트, 인터넷 쇼핑 사이트를 대상으로 선정하여 봅니다.

# 03

선정한 장소에 대해 동시에 물건 값을 조사하여 봅니다.
재래시장, 대형 마트, 인터넷 쇼핑 사이트를 같은 날짜에 조사할
수 있도록 계획하여 물건 값을 알아봅시다.

# 04

1주일 후 같은 장소에서 파는 같은 물건을 대상으로 다시 같은 조
사를 해 봅시다. 만일, 10월 11일에 물건 값을 조사했다면 10월
18일에, 이전과 같은 장소에서 파는 같은 품목의 가격을 다시 파
악하여 봅시다.

# 05

2회에 걸친 조사가 끝난 후 결과를 그래프로 만들어 보고, 각각의
물건 가격을 비교하여 봅니다.

# 06

재래시장, 대형 마트, 인터넷 쇼핑의 물건 가격을 비교해 보고 각
각의 장단점을 비교하여 봅니다.

## 유의할 점 ⚠️

- 농산물, 수산물, 축산물은 같은 무게 단위를 적용하여 비교하여 봅시다. 예를 들어, 각각 기준이 200g과 100g인 물건 가격을 그 대로 비교하는 것은 적절하지 않습니다. 이 경우 100g당 가격을 조사하여 비교해 봅시다.

- 상품의 신선도도 비교하여 봅시다. 상품의 신선도는 가격을 결 정하는 요인 중 하나입니다. 신선도를 좋음, 보통, 나쁨으로 구 별하여 기록하여 봅시다.

- 상품으로 갖추어진 종류도 살펴봅니다. 다양한 상품이 갖추어져 있는지, 혹은 하나의 상품만 갖추어져 있는지도 살펴보아야 합 니다.

- 생활 용품은 같은 회사에서 제조된 제품끼리 가격을 견주어 보 도록 합니다.

## ❓ 생각해 보기

- 시간에 따른 물건 가격의 변화는 어떠하였나요?
- 장소 변화에 따른 물건 가격의 변화는 어떠하였나요?
- 물건 가격에 영향을 주는 요소에는 무엇이 있을까요?

 ## 읽을거리 ❶ 유통 과정

물건을 생산하는 사람으로부터 소비자에게 상품이 이동하는 단계를 '유통 과정'이라고 하며, 도매점, 소매점 등과 같이 유통 과정의 한 부분을 이루는 곳을 유통 기관이라 합니다. 우리가 생활 주변에서 흔히 볼 수 있는 대형 마트, 가게, 인터넷 홈쇼핑 사이트 등은 대표적인 유통 기관이라고 할 수 있습니다.

물건 가격은 이러한 유통 기관을 몇 번 거치느냐에 따라 결정된다고 할 수 있는데, 대부분 물품은 '생산자 → 도매상 → 소매상 → 소비자' 라는 유통 과정을 거칩니다.

이를 그림으로 나타내면 다음과 같습니다.

**| 중간 상인을 거치는 유통 과정 |**

| 1다스(12개) | 운송료 | 도매인 이윤 | 운송료 | 소매인 이윤 | 소비자는 |
|---|---|---|---|---|---|
| 1,200원 | (+100원) | (+200원) | (+200원) | (+300) | 2,000원에 |
|  | 1,300원 | 1,500원 | 1,700원 | 2,000원 | 연필을 구입함 |

하지만, 모든 유통 과정이 반드시 이러한 단계를 거치는 것은 아닙니다. 농산물은 직거래라는 방식으로 유통되기도 합니다. 이 방법은 생산자와 소비자가 도매상과 소매상을 거치지 않고 직접 만나서 거래하는 것을 말합니다.

직거래를 하면 도매인이나 소매인을 거치지 않기에 생산자는 더 높은 가격으로, 소비자는 더욱 저렴한 가격으로 물건을 구입할 수 있는 장점이 있습니다. 이를 그림으로 나타내면 다음과 같습니다.

| 중간 상인을 거치는 유통 과정 |

| 1kg당 500원 | 운송료 (+100원) 600원 | 도매인 이윤 (+200원) 700원 | 운송료 (+200원) 900원 | 소매인 이윤 (+300) 1200원 | 소비자는 1,200원에 사과를 구입함 |
|---|---|---|---|---|---|

| 1kg당<br>500원 | 운송료<br>(+100원)<br>600원 | 생산자 이윤<br>(+300)<br>900원 | 소비자는<br>900원에<br>사과를<br>구입함 |

※ 직거래를 할 때 중간 상인을 거치지 않으므로 생산자는 원래 공급 가격보다 300원 정도를 더 받을 수 있으며, 소비자는 300원 정도 싸게 물건을 구입할 수 있습니다.

 ## 읽을거리 ❷ 재래시장과 대형 마트

우리 주변에서 흔히 볼 수 있는 유통 기관으로 '대형 마트'를 들 수 있습니다. 대형 마트는 ○○마트, ○○클럽 등의 이름으로 널리 알려져 있으며, 최근 10년 동안 급속히 증가하고 있습니다.

　대형 마트는 한 장소에서 시장을 보고 식사도 할 수 있으며, 기타 다양한 부대시설(놀이방, 문화센터 등)을 활용할 수 있으며, 무엇보다 넓은 주차 공간을 확보해 물건을 구입하는 데 편리함을 제공합니다.

　이와 함께 재래시장이라는 유통 기관도 있습니다. 재래시장은 주로 아침에 열리며, 대형 마트처럼 한 공간에 모든 것이 위치하고 있지는 않습니다. 지역에 따라서는 5일마다 장이 서는 5일장 또는 매일 장이 서는 상설 시장의 형태로 유지됩니다.

　그러나 재래시장은 최근 급속히 규모가 작아지거나 사라져가고 있습니다. 대형 마트에 비해 주차 공간이 좁고, 한 장소에서 다양한 활동을 할 수 없다는 것이 큰 단점으로 작용하고 있기 때문입니다. 무엇보다도 대형 마트가 늘어나자 소비자들이 재래시장을 잘 찾지 않게 된 것도 그 원인 중 하나라고 할 수 있습니다.

| 대형 마트 | 재래시장 |
|---|---|

## 생각 모으기 – 물건의 가격 변화

물건 가격을 결정하는 데에는 많은 요인들이 영향을 끼치고 있습니다. 읽을거리에 제시한 바와 같이 상품의 유통 과정이 가격 결정에 가장 많은 영향을 주고 있는 것이 사실입니다. 하지만, 때로는 유통 과정 이외의 다른 이유로 물건 값이 영향을 받기도 합니다. 그러한 원인에는 다음과 같은 것들이 있습니다.

### 기후나 날씨

기후나 날씨가 물건 가격을 결정하는 요인이 되기도 합니다. 특히, 농·수산물이 많은 영향을 받습니다. 과일이나 채소는 태풍이나 장마로 수확량이 떨어져서 일시적으로 가격이 오르기도 합니다. 이는 공급이 수요보다 부족하여 발생하는 현상입니다. 또한, 가뭄, 한파 등으로 채소 생산량이 줄어들거나 감소하면 일시적으로 값이 오르게 됩니다. 예를 들면, 배추 값이 상승할 때 김치를 '금치'로 부르게 되는 경우이지요.

### 생산량 증가

과일이나 채소는 생산량의 증가가 가격에 커다란 영향을 미칩니다. 농수산물이 지나치게 많이 생산되어 가격이 떨어

지면 생산자는 경제적으로 큰 손해를 보게 됩니다.

### 외국 제품과의 경쟁

칠레와 우리나라는 얼마 전 자유 무역협정(한-칠레 FTA)을 맺었습니다. 자유무역협정(FTA)의 결과로 칠레의 농산물은 국내에서 생산되는 농산물과 같은 대우를 받게 되었습니다. 이 결과 칠레에서 생산된 농산물이 우리나라로 들어오게 되면서 농산물 가격에도 영향을 미치고 있습니다.

### 원자재 가격상승

우리나라는 천연 자원이 부족하므로 많은 원료를 외국에서 수입합니다. 특히, 석유류는 전부 외국에서 수입합니다. 최근, 석유 가격의 상승은 우리나라가 생산하는 여러 가지 물건 값을 꾸준히 상승시키고 있습니다. 자동차의 원료인 휘발유를 비롯한 각종 석유류의 가격 상승은 생활필수품 값을 지속적으로 상승시키는 원인이 되고 있습니다.

# 12. 은행! 이렇게 체험해 봅시다

##  활동 안내

은행은 주변에서 가장 쉽게 접할 수 있는 대표적인 금융 기관이라고 할 수 있습니다. 하지만, 우리는 은행이 가진 다양한 기능들을 실질적으로 제대로 활용하고 있지는 못하고 있는 듯합니다.

요즈음은 은행이 돈을 맡기고 찾는 단순한 기능을 벗어나 과거에 없었던 다양한 장점들을 발휘하고 있습니다. 영업 시간 외에도 입·출금을 할 수 있는 인터넷 뱅킹이나 텔레뱅킹, 무인자동지급기 등을 운영하고 있는 것은 좋은 사례라고 할 수 있습니다.

은행이 하고 있는 역할을 잘 알려면 은행을 직접 방문하여 체험하는 활동이 필요하다고 봅니다. 앞서 '8. 금융 상품, 이런 것도 있어요' 라는 활동이 다양한 금융 기관이 다루는 금융 상품을 살펴보는 데 의의를 두었다면, 본 활동은 금융 기관의 하나인 은행을 직접 이용해 보는 것입니다. 그리하여 일상생활 속에서 금융 거래에 대한 친밀감을 느낄 수 있도록 합니다.


##  활동 방법

### 필요한 인원 

부모님(또는 선생님)과 같이 조사 활동에 참여해 봅시다.


### 활동 시간 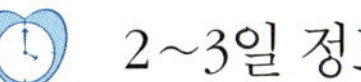  2~3일 정도


### 준비물

조사 활동 보고서(부록 : 자료 10), 필기구, 부모님 신분증, 주민등록 등본 및 도장


### 해결해야 할 문제

❶ 은행에서 다루는 금융 상품 중 하나를 선정하여 계좌를 개설하여 봅시다.

❷ 은행에 설치된 무인자동지급기(CD/ATM)를 이용하여 실제로 금융 거래를 하여 봅시다.

❸ 은행이 취급하는 금융 상품에 관해 은행 직원과 인터뷰하여 결과를 조사 학습 보고서 형태로 기록해 봅시다.

## 01

직접 체험할 은행을 선정해 봅니다.
● 주변에 있는 은행, 협동조합, 새마을금고, 우체국 등을 체험
  장소로 선정합니다.

## 02

은행에서 취급하는 다양한 금융 상품에 대해 직원의 설명을 듣고
그 중 자신에게 적합한 것 하나를 선정하여 금융 계좌를 개설해
봅니다.

### 여기서 잠깐 🚫 – 초등학생 금융 계좌 개설 방법

초등학생은 법률상 미성년자입니다. 금융 거래를 하거나 금융 계좌
를 개설하려면 금융 실명제에 따라 신분 확인 절차를 거쳐야 합니다.
그러므로 은행에 계좌를 개설할 때는 반드시 부모님과 같이 은행에
가서 주민등록등본(가족 관계가 기록되어 있음), 부모님의 신분증 등을
제시하여 본인 확인을 받도록 합니다. 중학생은 학생증, 자신의 도장
등을 이용하여 개설할 수 있습니다.

본인 확인이 끝나면 은행에서 금융 계좌를 개설하여 줍니다. 이 때 금융 계좌 개설에 필요한 서식을 작성합니다. 서식은 직접 기록해 보도록 합시다. 그리고 1,000~2,000원 정도의 돈을 준비하여 입금해보도록 합니다.

## 03

금융 계좌 개설 때 현금 카드도 같이 만들어 봅니다.
- 현금 카드는 무인자동지급기를 이용하여 여러 가지 거래를 편리하게 해줍니다. 현금 카드를 신청하여 필요한 서식을 작성하고 금융 거래를 해봅시다.

## 04

무인자동지급기(CD/ATM)를 이용하여 금융 거래를 하여 봅시다.
- 무인자동지급기를 사용하면 은행 직원을 거치지 않고 거래를 할 수 있습니다.

**여기서 잠깐 STOP – 무인자동지급기(CD/ATM) 활용법**

무인자동지급기는 은행 영업 시간(보통 09:00~16:30) 이후에도 금융 거래를 가능하게 해줍니다. 물론, 은행에서 영업 시간에 창구 직원을 통해 거래하는 것과는 다소 차이점은 있습니다.

무인자동지급기를 활용하려면 은행 계좌를 개설할 때 창구 직원에게 현금 카드(캐시 카드)를 만들어 달라고 요청해야 합니다. 현금 카드는 자신의 통장 계좌와 연결이 됩니다. 따라서, 현금 카드 사용을 위해 비밀 번호를 별도로 설정해야 하며, 비밀 번호는 절대 다른 사람에게 알려주어서는 안 됩니다. 비밀 번호를 다른 사람이 알면 몰래 사용할 위험이 있기 때문입니다. 현금 카드 개설에 필요한 서식을 작성한 후에는 직접 자신의 통장과 연결된 현금 카드를 은행 영업 시간 외에도 사용할 수 있습니다. 현금 카드 사용 방법은 다음과 같습니다.

❶ 첫 화면에서 금융 거래의 종류를 선택합니다. 무인자동지급기로 가능한 금융 서비스는 예금 인출, 예금 입금, 계좌 이체, 잔액 조회, 무통장 거래, 통장 정리 등이 있습니다.
*은행에 따라 메뉴는 조금 차이가 있습니다.
❷ 메뉴에 제시한 금융 거래 중 하나를 선택하여 손가락으로 가볍게 눌러봅시다. 다음 화면으로 넘어갈 것입니다.

❸ 예금을 찾는 경우 현금 카드를 카드 투입구에 넣어달라는 메시지가 화면에 출력됩니다. 카드 투입구에 현금 카드를 넣어봅시다. 카드 표면에 현금 카드를 투입하는 방향이 화살표로 표시되어 있습니다. 화살표 방향에 맞게 투입해 봅시다.

❹ 비밀 번호를 입력하라는 메시지가 나옵니다. 현금 카드를 신청할 때 자신이 만든 비밀 번호를 직접 입력하여 봅시다. 비밀 번호는 보통 네 자리로 되어 있습니다. 비밀 번호가 다른 사람에게 알려지지 않도록 주의합니다.

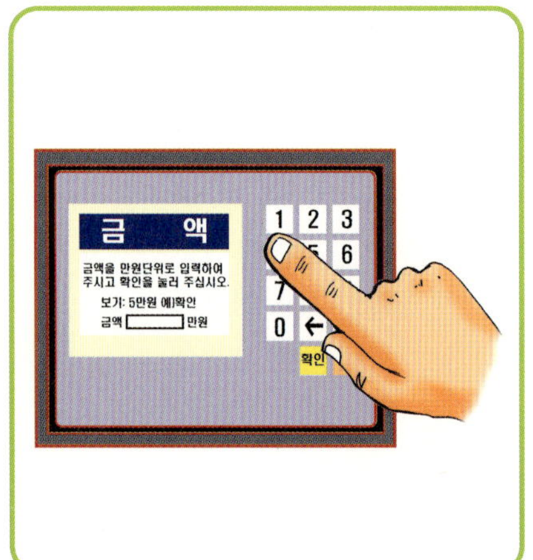


❺ 비밀 번호가 일치하면 찾고 싶은 금액을 입력하라는 메시지가 화면에 나타납니다. 만일, 50,000원을 찾고 싶으면 메뉴에 제시된 50,000원을 가볍게 누릅니다. 참고로 70,000원과 같은 금액은 메뉴에 제시되어 있지 않습니다. 이런 경우 '기타(금액)'를 눌러 직접 입력합니다. 비밀 번호를 3회 이상 잘못 입력하면 현금 카드로는 금융 거래가 불가능합니다. 그러므로 평소 현금 카드의 비밀 번호를 잘 확인하여 둡시다.

❻ 금액을 입력하면 진행 메뉴가 나오고, 조금 있으면 선택한 만큼의 돈이 현금 지급기에서 제공됩니다. 그리고 명세표를 발급 받겠느냐고 하는 말이 나옵니다. 명세표를 받을지 말지 선택하면 현금 카드가 투입구에서 나옵니다. 예금 입금, 계좌 이체 등의 메뉴도 자동화기기에서 안내하는 순서에 따라 활용할 수 있습니다.

# 05

은행 창구 직원에게 문의하여 여러 가지 금융 상품에 대하여 안
내받도록 합니다.

- 금융 상품에는 여러 가지 종류가 있습니다. 부모님과 상의하
  여 자신에게 맞는 금융 상품을 선택한 후 거래하여 봅니다. 여
  러분과 관련 있는 다양한 금융 상품을 찾아보고 그 특징에 대
  해 자세한 설명을 들어봅니다.
- 조사 학습 결과를 조사 활동 보고서에 기록하고 은행에서 관
  련 자료(금융 상품 안내서)를 수집하여 첨부하여 봅니다.

## 유의할 점

- 은행에 금융 계좌를 개설할 때는 반드시 부모님과 상의하여 허
  락을 얻습니다.
- 금융 계좌의 비밀 번호는 매우 중요합니다. 비밀 번호가 다른 사
  람에게 알려지지 않도록 주의합니다.
- 금융 계좌 개설은 직접 실천하도록 합니다. 모르는 것은 은행 창
  구 직원에게 문의하여 해결합니다.
- 매월 말일경(25일~30일 사이)은 금융 기관이 무척 바쁜 기간입
  니다. 이 기간을 피하여 체험 학습을 하도록 계획합니다.

## 생각해 보기

- 현금 카드를 잊어버리거나 통장을 분실할 때는 어떻게 해야 할 지 생각해 봅시다.

- 자신에게 맞는 금융 상품은 무엇이 있는지 생각해 봅시다.

- 비밀 번호 관리를 유의해야 하는 이유는 무엇인지 생각해 봅시다.

 ## 읽을거리 ❶ 어린이를 위한 금융 상품

최근 금융 기관에서 다루고 있는 금융 상품은 과거와 달리 매우 다양해지고 있습니다. 그 중 몇 가지를 소개하도록 하겠습니다.

### 어린이 통장

어린이 통장은 어려서부터 저축을 생활화하고 금융 감각을 기르는 데 매우 효과적인 상품입니다. 상품에 따라서는 무료 보험 가입 서비스를 통해 부가 혜택을 주고 있습니다.

### 어린이 펀드

어린이 펀드로 주식과 투자에 대한 감각을 기르는 데 도움을 받을 수 있습니다. 상품에 따라서는 수수료 일부를 어린이 금융 교실이나 경제 캠프 운영에 사용하기도 하며, 1,500만 원 범위 안에서는 증여세를 내지 않아도 되는 혜택도 있습니다.

### 어린이 보험

어린이가 질병에 걸리거나 사고를 당할 때 입원비, 치료비를 지급하며, 교육 자금을 마련하는 데도 도움을 줍니다.

### 키즈 카드

다양한 교육 관련 서비스를 제공하며, 관련 상품을 구매할 때 부가 혜택을 제공합니다.

은행을 비롯한 금융 기관에서 발급한 현금 카드는 개인 정보가 담긴 매우 귀중한 자료입니다. 또한 현금 카드는 연결된 은행 금융 계좌에 돈을 입·출금하거나 계좌 이체할 수 있으므로 비밀 번호가 노출되지 않도록 해야 합니다. 무엇보다 현금 카드를 잃어버리지 않도록 잘 보관해야 하며, 분실했을 때는 은행에 연락하여 그 현금 카드를 사용하지 못하도록 처리해 줄 것을 요청해야 합니다. 그 후에는 새로운 현금 카드를 발급받고 비밀 번호를 바꾸어서 사용합니다.

## 생각 모으기 – 은행의 다양한 기능

은행이 가진 기능은 생각보다 매우 다양합니다. 우리는 흔히 은행이 입금하고 출금하는 단순한 기능을 하고 있다고 생각하지만, 요즈음은 이 외에도 여러 가지 일을 하고 있습니다. 은행이 하는 기능은 다음과 같습니다.

### 예금 입·출금

우리가 흔히 알고 있는 기능입니다. 금융 계좌를 개설해 주고 예금을 입금 또는 출금해 주며 이자도 지급해 줍니다.

### 자금 대출

기업이나 개인에게 필요한 자금을 빌려주는 역할도 하고 있습니다. 기업에게는 기업 운용 자금을, 개인에게는 전세 자금, 주택 마련 자금 등을 대출합니다. 보통 대출 이자(돈을 빌려 주고 고객에게 받는 이자)가 예금 이자(고객이 저축한 돈에 대해 지급하는 이자)에 비해 높습니다. 대출 이자와 예금 이자의 차이를 '예대마진'이라고 하는데, 예대마진이 곧 은행의 수입이 됩니다. 예대마진이 클수록 은행의 이윤은 커진다고 할 수 있습니다.

## 보험 서비스 제공

최근에 은행에서 제공하는 금융 서비스입니다. 이전에는 은행에서 제공하는 금융 서비스 중 보험 서비스는 제외되었습니다. 그러나 최근 은행과 보험사가 업무 제휴를 하면서 은행에서도 보험 상품을 다루고 있습니다. 이를 흔히 '방카슈랑스(Bankasurance)'라고 부릅니다.

## 신탁업무

고객에게 현금, 유가 증권, 부동산 등을 위임(대신 관리하도록 부탁) 받고 관리하여 그 이익을 고객에게 지급합니다.

### 유가증권 투자업무

은행이 여유 자금을 증권에 투자하여 이윤을 올리는 일을 합니다.

### 신용 카드 업무

일정한 자격(신용)이 있는 사람에게 신용 카드를 발급해 주고 현금 서비스 혜택을 제공합니다.

### 보호예수 업무

은행 거래 고객의 중요 문서나 증서 그리고 귀중품 등을 은행 금고에 안전하게 보관해줍니다.

# 13. 내 용돈, 내가 마련하기

###  활동 안내

　우리는 흔히 용돈을 부모님이나 웃어른에게 아무런 대가 없이 받는 돈으로 알고 있습니다. 하지만 오늘부터라도 용돈에 관한 고정관념을 바꾸어야 할 필요가 있습니다. 우리가 살고 있는 자본주의 시장 경제 체제에서는 근본적으로 공짜라는 것은 존재하지 않기 때문입니다. 부모님께서 직장에서 받는 월급은 한 달 동안 일한 대가로 얻는 것이지, 공짜가 아닙니다. 월급을 받으려면 마땅히 그에 따르는 일을 해야 합니다. 이러한 것을 본다면 용돈은 자신이 속한 사회나 가정에서 자신에게 요구하는 역할을 충실히 수행할 때 얻을 수 있는 것이지, 아무런 대가 없이 그냥 받는 것이 아니라고 생각하는 태도가 바람직합니다. 이번 활동은 직접 용돈을 마련하는 방법을 알아보고 이를 계획하여

실천함으로써, 돈의 가치를 인식하고 소중함을 느끼도록 하는 데 주
안점을 두었습니다.


## 🎲 활동 방법

### 필요한 인원 🟢

부모님과 같이 활동에 참여해 봅시다.


### 활동 시간 🕐  1개월 정도


### 준비물 📦

용돈 마련 계획서(부록 : 자료 11), 필기구, 전자 계산기


### 해결해야 할 문제 🖌

❶ 자신에게 필요한 용돈의 규모와 구체적인 용도를 정하여 봅니다.

❷ 용돈 마련을 위한 구체적인 계획을 부모님과 의논하여 용돈 계
약을 맺어봅니다.

❸ 자신이 수립한 계획에 따라 용돈 마련을 위한 구체적인 노력을
실천합니다.

## 01

용돈의 구체적인 쓰임새와 필요한 액수를 생각해 보고, 이를 용돈 마련 계획서로 나타내어 봅니다.

● 용돈이 필요한 곳을 구체적으로 생각하여 봅니다.
● 얼마만큼의 용돈을 어디에 사용해야 할지 결정합니다.

### 여기서 잠깐 STOP – 용돈이 필요한 곳 생각해 보기

용돈이 필요한 곳을 구체적으로 조사하기 위해 다음과 같은 것을 생각해 봅니다.

첫째, 평소에 가장 가지고 싶었던 것들을 생각해 봅니다. 각자 조금씩 다를 것이며, 남자 아이와 여자 어린이가 좋아하는 것이 다를 것입니다. 자신에게 가장 필요한 것을 열 가지 정도 선택하여 우선순위를 매겨봅니다. 여기에서는 다음과 같이 5개를 선정해 보겠습니다.

| 순위 | 용돈이 필요한 곳 | 가격(원) | 내가 가진 돈(원) | 필요한 돈(원) | 필요한 이유 |
|---|---|---|---|---|---|
| 1 | MP3 플레이어 구입하기 | 100,000 | 20,000 | 80,000 | 평소 음악을 좋아하여 MP3 플레이어가 가지고 싶습니다. |
| 2 | 마음에 드는 옷 구입하기 | 30,000 | 20,000 | 10,000 | 친구 생일날 마음에 드는 옷을 입고 싶습니다. |
| 3 | 인터넷 사이버 머니 구입하기 | 5,000 | 20,000 | – | 인터넷에서 사이버 머니를 구입하여 게임을 더욱 재미있게 즐기고 싶습니다. |
| 4 | 친구 선물 구입하기 | 25,000 | 20,000 | 5,000 | 친구에게 가방을 선물하고 싶습니다. |
| 5 | 읽고 싶은 책 구입하기 | 80,000 | 20,000 | 60,000 | 평소 읽고 싶었던 '세계 명작 동화' 전집을 구입하고 싶습니다. |

위에 제시한 다섯 가지 중 가장 필요한 한 가지 물품을 정합니다. 그것이 MP3 플레이어라고 가정할 때, 지금 실질적으로 가진 돈 (20,000원)과 MP3 플레이어를 구입하는 데 필요한 돈을 비교해 보아야 합니다. 만일, MP3 플레이어 가격이 100,000원이라면 80,000원이 더 필요합니다. 그러면 이 80,000원을 마련하기 위한 용돈 마련 계획을 세워야 합니다.

# 02

가장 필요한 용돈의 규모와 그 쓰임새를 부모님께 말씀드리고 구체적인 용돈 마련 방법에 대해 의논해 봅니다.

# 03

부모님과 구체적인 용돈 마련 계약을 맺도록 합니다.
- 용돈 마련 계약은 '무슨 일을 할 때 그 대가로 얼마만큼의 용돈을 받는다.'는 내용으로 합니다. 한 달 동안 용돈 마련을 위해 어떤 일을 할지 부모님과 상의하여 결정해 봅니다.

**여기서 잠깐 STOP – 용돈 계약 맺기**

구체적으로 무슨 일을 할 때 얼마의 용돈을 받을 수 있는지부터 정하고 부모님과 계약합니다.

예를 들면 다음과 같은 것이 있습니다.

- 설거지 1회(500원)
- 신발 닦아드리기(400원)
- 심부름하기(500원)
- 쓰레기 비우기(300원)
- 집안 청소 돕기(600원)

이와 함께 하루 동안 받을 수 있는 용돈의 금액도 정해봅니다. 예를 들어, '하루 1,500원 이상의 용돈을 받지 않는다.' 등의 조건도 넣어 봅니다. 용돈 계약서에 반드시 한 달 동안 약속한 일을 충실히 실천할 것을 약속하는 서약서도 첨부해 봅니다.

- 부모님과 맺은 용돈 마련 계약을 용돈 마련 계약서의 형태로 기록해 봅니다.

## 04

수립한 계획에 맞추어 정해진 기간(보통 한 달) 동안 용돈 마련을 위해 부모님과 맺은 계약을 실천해 봅니다.
- 용돈 마련 상황을 일주일 단위로 점검해 보고 자신이 부모님과 맺은 계약을 충실히 실천하고 있는지 확인해 봅니다.

## 유의할 점 

- 자신이 구입할 물건을 선정할 때 왜 그것이 필요한지 깊이 생각하여 우선순위를 부여합니다.
- 자신이 받는 용돈에 비해 지나치게 비싼 물건으로 정하지 않도록 합니다.
- 용돈 마련 계약을 한 달 동안 지킬 수 있도록 노력합니다.
- 용돈 마련 상황을 수시로 점검하여 용돈 마련 계획이 제대로 실천되고 있는지 확인해 봅니다.

## 🔖 생각해 보기

- 여러분은 그동안 부모님께서 값없이 주신 용돈을 주로 받아왔습니다. 용돈 마련 계약을 지킴으로 필요한 돈을 마련하는 것은 하는 것은 그렇게 하지 않을 때와 비교하여 어떤 장점이 있을지 생각해 봅시다.

- 필요한 용돈의 규모는 과연 자신에게 적절한지 생각해 봅시다.

- 만일, 계약이 아닌 다른 것으로 용돈을 마련한다면 무슨 방법을 이용할지 생각해 봅시다.

 ## 읽을거리 ❶ 용돈 마련 방법

용돈은 다른 사람에게 받거나 스스로 벌어서 생기는 경우가 있습니다.

**부모님께 받는 용돈**
아버지, 어머니께 용돈을 매달 또는 매주 받는 경우입니다. 대부분 친구들이 이와 같은 방법으로 용돈을 받습니다.

**할아버지, 할머니께 받는 용돈**
할아버지, 할머니께 용돈을 매달 혹은 매주 받는 경우입니다.

**친척 어른들께 받는 용돈**
명절 때 큰아버지, 작은아버지, 이모, 고모, 이모부, 고모부 등 주변 어른들로부터 용돈을 받는 경우입니다. 자주 받지는 않으나, 한꺼번에 많은 돈을 모을 수 있는 계기가 됩니다.

부모님 일을 도와준 보상으로 받는 돈
아버지, 어머니의 일을 도와주고 용돈 이 외의 돈을 받는 경우입니다. 구두 닦아드리기, 설거지하기 등으로 스스로 돈을 마련할 수 있습니다.

아르바이트로 버는 돈
패스트푸드점과 같은 가게에서 아르바이트를 하고 돈을 버는 경우입니다. 아르바이트는 반드시 일하는 시간, 급여 등을 확인하고 일을 하도록 합니다.

신문 배달로 버는 돈
신문 배달로 돈을 버는 것도 아르바이트의 일종입니다. 다른 아르바이트와 마찬가지로 일하는 시간, 급료 등을 확인하고 합니다.

친구나 형제에게 돈 빌리기
친구나 형제에게 돈을 빌리는 경우입니다. 돈을 대가 없이 받거나 대가를 치르고 받을 때와는 달리 반드시 갚아야 합니다.

상금을 받는 경우
복권에 당첨되거나 이벤트 행사에 당첨되어 상금을 받는 경우입니다. 당첨될 가능성이 매우 낮으므로 이 방법으로 돈을 받는 것은 기대하기 어렵습니다.

## 읽을거리 ❷ 아르바이트

아르바이트 방법에 대해 알아봅시다.

서울종합고용안정센터에서 제시하고 있는 아르바이트 10계명 중 일부를 아래와 같이 간접 인용하여 봅니다.

**일을 할 수 있는 연령은 만15세 이상이 되어야 합니다**

중학교에 재학 중이거나 만 13세 이상 14세까지 청소년들은 노동부에서 취직인허증을 받아야 일할 수 있습니다.

> ※ 초등학생은 법률적으로 아르바이트로 돈을 벌 수 있는 연령은 아닙니다.

**일자리는 어디서 구하나요**

노동부가 운영하는 각 지역별 고용안정센터를 직접 방문하거나 고용안정센터 인터넷 홈페이지(www.molab.go.kr)에 접속하여 일자리를 찾을 수 있습니다. 또한 워크넷(www.work.go.kr)과 커리어넷(www.careernet.re.kr)에서도 정보를 얻을 수 있습니다.

부모님(또는 후견인)이 일을 해도 좋다고 소견을 밝히신 동의서와 나이를 증명할 수 있는 호적증명서(또는 주민등록등·초본)가 필요합니다. 이 서류를 고용인에게 제출한 후 근로 계약을 맺습니다.



도덕·보건 측면에서 유해하거나 위험한 일은 할 수 없습니다. 근로기준법과 청소년보호법으로 할 수 없는 일을 정하고 있습니다. 일을 할 수 없는 곳은 유흥주점, 단란주점, 비디오방, 노래방, 전화방, 소주방, 호프, 카페 등입니다. 그 외에도 숙박업, 안마실을 설치한 목욕장업, 만화대여업, 무도장업, 도살업무 등은 할 수 없습니다.



근로 계약을 할 때 임금을 정합니다. 단, 고용인은 법정 최저 임금 이상을 지급해야 합니다. 8월 말까지는 취업한 지 6개월 미만이면 최저 임금의 90퍼센트(시급 2,556원) 이상을, 9월 이후는 최저 임금(시급 3,100원) 이상을 지급해야 합니다.

## 생각 모으기 – 아르바이트를 통한 용돈 마련

우리 주변에서 흔히 용돈을 마련하는 방법으로 가장 쉽게 떠올리는 것은 아르바이트입니다. '아르바이트'는 독일어인 'arbeit'에서 나온 말로 학생이나 직업인 등이 돈을 벌기 위해 학업이나 본업 이외에 부업으로 하는 일을 의미합니다. 즉, 아르바이트는 직업과는 달리 틈틈이 부업을 하여 비교적 짧은 기간 동안 적은 보수를 받고 하는 것이 일반적입니다.

초등학생은 법률상 일을 할 수 있는 연령에 해당하지 않습니다. 그러므로 사실상 초등학생이 할 수 있는 아르바이트는 없다고 할 수 있습니다. 물론, 아역 탤런트나 배우처럼 연기자의 길을 걷는 어린이도 있지만, 그 경우에도 부모님의 동의가 있어야 가능합니다. 아역배우나 탤런트는 아르바이트라는 의미보다 직업에 가깝다고 볼 수 있습니다.

아르바이트를 하는 청소년(만 15세 이상)들은 주변에서 종종 만날 수 있습니다. 햄버거 가게 등에서 시간제로 일을 하거나 전단지를 돌리는 등 대부분 단순한 일을 하는 청소년 아르바이트는 최근 여러 가지 사회 문제를 낳고 있습니다. 업주(사장이나 가게 대표인)에게 일한 만큼의 대가를 받지 못하는 것이 대표적인 사례입니다. 그러므로 초등학생과 청소년은 신중하게 알아보고 아르바이트를 해야 합니다.

용돈 마련 계획 세우기 활동은 돈이란 여러 가지 노력(노동)에 대한 대가로 주어지는 것이지, 결코 공짜로 받는 것이 아님을 깨닫는 데 의의가 있다고 할 수 있습니다. 초등학생이 현실적으로 아르바이트를 할 수 없는 만큼 부모님과 계약을 하고 그 약속을 이행한 보상으로 사례비를 받는 것은 돈을 버는 것에 대한 간접 경험이 될 것입니다.

# 14. 사이버 용돈 기입장, 이렇게 활용해 봅시다

###  활동 안내

용돈을 합리적으로 관리하기 위해 용돈 기입장을 활용하는 방법에 대해 알아보겠습니다. 용돈 기입장은 일정 기간 동안 수입(들어온 돈)과 지출(나간 돈)을 날짜별로 기록하여 관리함으로써 합리적인 경제생활을 할 수 있도록 도와줍니다. 엄마가 기록하는 가계부나 아빠가 자동차를 운행하시면서 적는 차계부도 용돈 기입장과 비슷한 성격을 지녔다고 할 수 있습니다.

용돈 기입장, 가계부, 차계부를 기록하는 것은 모두 돈을 낭비하지 않고 절약하여 사용하는 데 목적이 있습니다. 이를 통해 평소 자신의 경제생활과 씀씀이를 반성해 볼 수 있습니다. 용돈 기입장을 활용해 봄으로서 경제생활 습관을 되돌아보는 기회가 되었으면 합니다.

 **활동 방법**

### 필요한 인원 

개인별로 활동합니다.


### 활동 시간 🕐  1개월 정도


### 준비물  온라인 용돈 기입장 프로그램


### 해결해야 할 문제 

❶ 용돈 기입장을 사용하면 무슨 장점이 있는지 알아봅니다.

❷ 용돈 기입장을 재미있게 활용하는 방법에 대해 알아봅니다.

❸ 용돈 기입장을 활용할 때와 활용하지 않을 때 씀씀이는 어떻게 달랐는지 생각해 봅니다.


### 활동은 이렇게 👆


## 01

한국은행 경제 교육 홈페이지(http://www.bokeducation.or.kr)에 접속하여 어린이 경제 마을(http://kids.bokeducation.or.kr/index.jsp)을 클릭합니다.

(http://kids.bokeducation.or.kr/index.jsp)

## 한국은행 어린이 경제 마을

한국은행에서 개발한 어린이 경제 교육을 위한 자료가 많이 있습니다. 경제와 관련한 다양한 지식을 얻고, 경제를 주제로 한 게임을 즐길 수 있습니다. 이번에 학습할 용돈 기입장에 관한 프로그램도 활용할 수 있습니다.

※ 사용을 위해서는 회원 가입과 로그인 과정이 필요합니다.

# 02

위쪽 상단의 '왁자지껄 우리세상' 메뉴를 클릭해 봅니다.

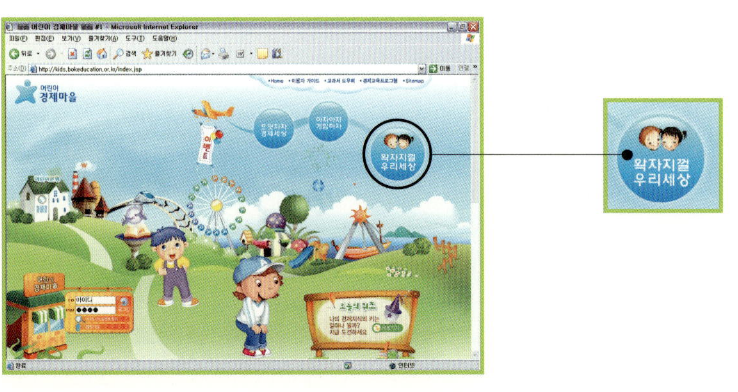

# 03

어린이 용돈 기입장 배너를 클릭합니다.

# 04

'보러가기'를 클릭한 후 '프로그램 다운로드'를 클릭하고 실행을
클릭하여 안내 과정에 따라 어린이 용돈 기입장 프로그램을 설치
합니다.

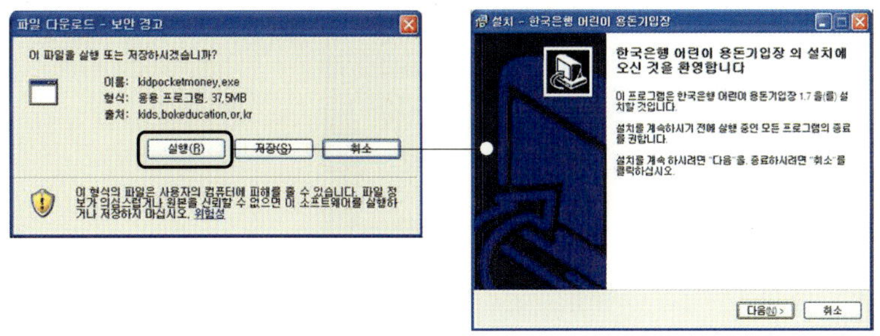

# 05

아이디와 비밀 번호를 등록을 합니다(어린이 버튼을 클릭하여 동록합니다. 이는 사용을 위한 필수 과정입니다).

# 06

로그인을 하여 프로그램을 실행합니다.

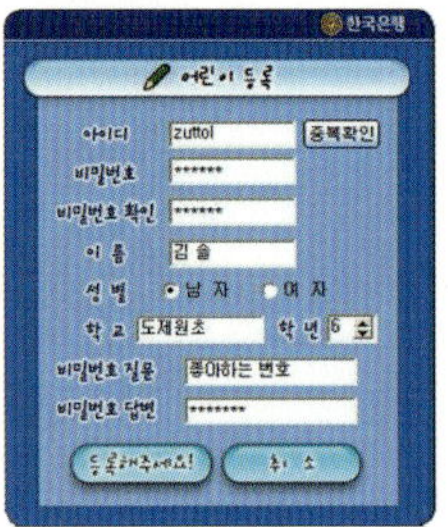

# 07

다양한 메뉴를 이용하여 용돈 기입장을 활용하여 봅시다.

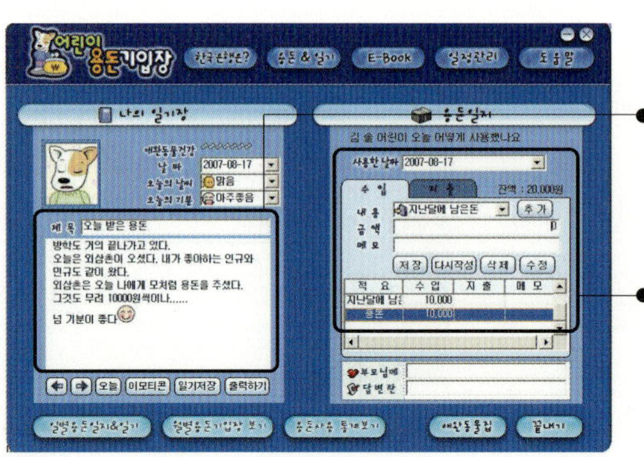

● 매일 일기를 기록할 수 있습니다.

● 용돈을 기록하여 관리할 수 있습니다.

# 08

여러 가지 다양한 기능을 사용할 수 있습니다.

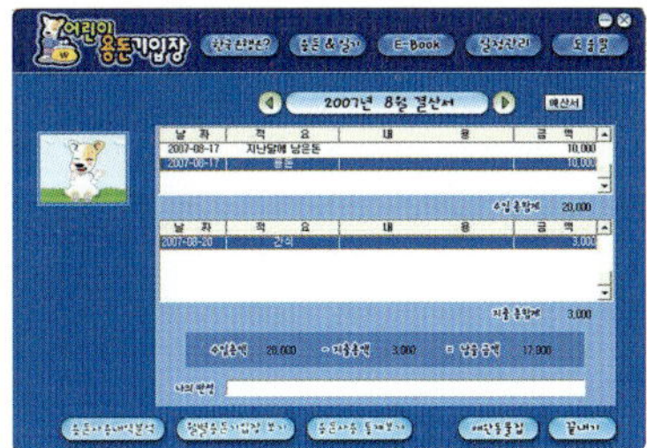

예산 · 결산서 확인       용돈 사용 통계 보기

용돈 기입장 프로그램 안에서 애완동물도 기를 수 있습니다. 동물에게 먹이를 주거나 운동을 같이하고 청소를 시키는 등 재미있는 기능도 많이 있습니다.

## 유의할 점

- 매일 규칙적으로 용돈 기입장 프로그램에 들어가서 그날 수입과 지출을 꾸준히 기록하는 습관을 가져봅니다. 일주일 동안의 용돈 사용 내역을 한꺼번에 기록하는 것은 바람직한 용돈 사용 습관을 기르는 데 도움이 되지 않습니다.
- 다양한 기능을 효과적으로 활용하여 봅시다. 예산서, 결산서 기능을 효과적으로 이용하여 용돈 사용 습관을 수시로 점검하여 과소비나 충동구매로 불필요한 지출을 하고 있는 것은 아닌지 확인하도록 합니다.

## 생각해 보기

- 용돈 기입장을 사용하면서 자신의 경제생활이 어떻게 바뀌었는지 생각하여 봅니다.
- 충동구매로 불필요한 물건을 구입하여 후회한 경험이 있는지 생각해 봅니다.
- 사이버 용돈 기입장은 공책에 기록하는 용돈 기입장에 비해 무슨 장·단점이 있는지 생각해 봅니다.

 ## 읽을거리 ❶ 충동구매

　누구나 한두 번쯤 충동구매를 해본 경험이 있을 것입니다. 특히 대형 마트나 백화점 등을 이용하면서 이러한 경험을 한 적이 많을 것입니다.

　충동구매는 말 그대로 충동적으로 물건을 사는 것을 의미합니다. 순간적인 감정, 주변(판매 사원)의 권유, 사은품 등에 끌려 원하지 않는 물건을 사게 되는 경우가 이에 해당합니다.

　충동구매는 계획적인 소비와 지출을 힘들게 하며 과소비의 원인이 됩니다. 최근에는 인터넷 전자상거래, 텔레비전 홈쇼핑 등으로 충동구매가 자주 발생하고 있습니다.

　충동구매를 줄이려면 평소 어떠한 용도로 얼마만큼의 돈을 사용할 것인지 계획을 세워 물건을 구매해야합니다. 가령, 문구점에 간다면 방문 전에 필요한 물품 목록을 작성하여 기록한 것만 구입합니다. '연필 2자루, 색종이 1묶음, 지우개 1개' 등과 같이 목록을 메모지에 기록하고, 그 외 물건은 가능한 한 사지 않도록 해봅시다.

　한 달 후에는 생각한 것보다 많은 액수의 돈이 용돈 기록장에 남아있게 될 것입니다. 정말 필요한 곳에 돈을 쓰고 남은 것으로 자신이 하고 싶은 일을 한다면 그것이 바로 합리적인 소비생활이라고 할 수 있습니다.

용돈 기입장과 비슷한 기능과 성격을 가진 것이 있습니다. 가계부와 차계부가 바로 그것입니다.

용돈 기입장은 주로 어린이나 청소년처럼 용돈을 받아 생활하는 사람들이 활용하고 있습니다. 한편, 가계부는 가정에서 수입한 돈을 계획적으로 사용하기 위해 엄마가 주로 기록합니다.

가계부에 적는 돈은 용돈 기입장에서처럼 크게 수입과 지출로 나눌 수 있습니다. 수입으로는 월급, 예금 이자 등이 있으며, 지출로는 연료비, 식료품비, 교육비, 문화생활비 등을 꼽을 수 있습니다. 용돈 기입장에 비해 기록하는 내용도 다양하며 돈의 규모도 큰 편입니다.

차계부는 자동차를 관리하면서 사용한 돈을 기록하는 것입니다. 재미있는 것은 차계부에는 지출만 있으며, 수입은 전혀 없다는 점입니다.

자동차를 유지하기 위해 들어가는 돈에는 보험료, 부품비, 연료비, 사고 처리 비용 등이 있습니다. 이러한 것을 기록하는 이유는 최근 석유 가격이 상승하면서 차량을 유지하고 관리하는 데 생각보다 많은 비용이 들어가기 때문입니다. 차계부를 기록하면 불필요한 자동차 운행을 자제하고, 반드시 필요한 부품만 교환하는 등 여러 가지 면에서 절약할 수 있는 장점이 많이 있습니다.

휘발유 1,470원/ℓ
(연료 비용/15만 원)

타이어
(교체 비용/15만 원)

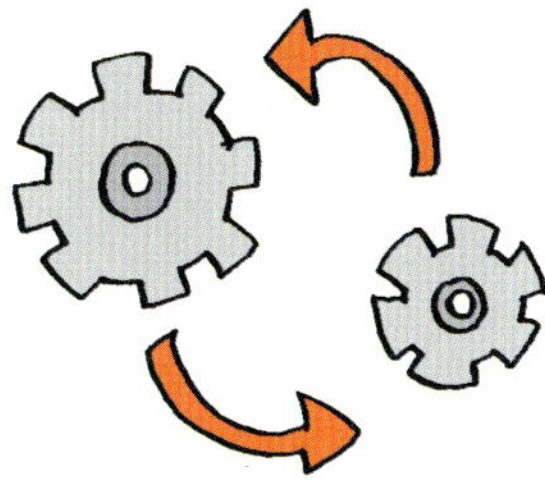

자동차 수리 비용
(부품 교체/5만 원)

사고에 따른 보험 처리
(100만 원/보험 처리)

돈을 버는 것만큼이나 어려운 것이 돈을 쓰는 것입니다. 돈을 아무 곳에나 무계획적으로 사용하는 것은 바람직하지 않으며, 반드시 필요한 곳에 필요한 만큼만 사용하는 습관을 기르는 것이 중요합니다.

우리 속담에 '세 살 버릇이 여든까지 간다.'라는 말이 있습니다. 이 말은 용돈 사용에도 적용된다고 할 수 있습니다.

어려서부터 절약하며 용돈을 합리적으로 사용하는 습관을 가지고 있다면 어른이 되어서도 그 자세는 계속 유지될 것입니다. 하지만, 반대로 어려서부터 돈을 마구 쓰거나 충동구매를 하는 버릇이 들여졌다면 어른이 되어서도 그 태도를 쉽게 고칠 수 없을 것입니다. 바람직한 용돈 관리를 위한 습관은 스스로 만드는 것입니다.

여기에서는 바람직한 용돈 관리를 위해 몇 가지 도움말만 제시하겠습니다.

첫째, 매월 수입과 지출을 예상하여 그 범위 안에서 용돈을 사용합니다.

용돈 기입장을 기록하는 이유도 사용할 돈의 규모를 짐작하여 거기에 맞게 지출하는 습관을 기르는 데 있습니다. 가진 돈보다 많은 돈을 쓰면 합리적인 소비생활을 할 수 없습니다.

둘째, 충동구매는 가능한 한 하지 않습니다.

아무 계획 없이 순간적인 기분으로 구입하는 충동구매는 많은 후회를 낳게 됩니다. 반드시 필요한 것만을 필요한 수만큼 구입하는 태도가 필요합니다.

 셋째, 반드시 필요한 곳에는 지출하도록 합니다.

 무조건 절약하는 것만이 좋은 습관은 아닙니다. 때로는 반드시 지출해야 할 곳이 생기게 마련입니다. 문제는 그것이 반드시 지출해야 할 것인지 아닌지를 판단하는 것입니다. 지출을 할 때는 합당한 이유가 있어야 합니다. 이웃을 위해 기부하거나 친구 생일 선물을 사는 것은 합당한 지출에 속합니다.

 넷째, 기록하는 습관을 가지도록 노력합니다.

 물건을 사기 전에 반드시 목록을 기록하고 우선순위를 정하여 가장 필요한 것부터 구입해야 합니다.

# 15. 사이버머니의 세계

##  활동 안내

인터넷 사이트를 여행하다 보면 '사이버머니'라는 것을 어렵지 않게 접할 수 있습니다. 이머니(e-money)라고도 부르는 사이버머니는 웹 (web) 기반의 인터넷 환경 속에서 매우 다양하게 존재하고 있습니다.

게임을 다양하게 즐기기 위해 관련된 아이템을 구입하는 데 필요한 사이버머니부터 인터넷 사이트의 이벤트 행사 중 당첨자를 대상으로 지급하는 사이버머니까지 여러 가지가 있습니다. 하지만, 변화하는 사이버머니의 발전 속도에 비해 우리의 생각은 그다지 뒤따르지 못하는 부분이 많습니다.

이번 활동으로 사이버머니에 대한 올바른 생각을 가지고, 이를 바탕으로 실제 생활에서 사이버머니를 효과적으로 이용하기 위한 여러 가지 활동에 참여해 보도록 하겠습니다.

##  활동 방법

**필요한 인원** 개인별로 활동합니다.

**활동 시간** 60분

**준비물**

인터넷 쇼핑 사이트, 인터넷 게임 사이트, 8절 도화지, 크레파스, 모의 화폐(부록 : 자료 2)

**해결해야 할 문제**

❶ 인터넷 쇼핑 사이트나 게임 사이트에 접속하여 사이버머니의 쓰임에 대해 조사합니다.

❷ 인터넷으로 상품 또는 게임 아이템을 구입하려면 어떤 과정을 거쳐야 하는지 조사합니다.

❸ 인터넷으로 상품을 구입하는 방법에 대해 조사하고 바람직한 사이버머니 활용법에 대해 알아봅니다.

## 01

사이버머니를 거래하고 있는 인터넷 쇼핑 사이트를 여러 개 찾아서 구성 화면을 둘러봅니다.

## 02

인터넷 쇼핑 사이트들 중 하나를 모델로 삼아 자신이 만들고 싶은 쇼핑 사이트를 꾸며 봅니다. 8절 크기의 도화지에 만들고자 하는 쇼핑 사이트를 그림으로 그립니다. 평소 자신이 관심이 있던 영역을 중심으로 그립니다. 장난감, 옷, 전자 제품에 관심이 있다면 그것을 각각 다른 페이지로 구성합니다. 인터넷 웹 사이트 페이지는 3~4장 정도로 꾸며 봅니다.

# 03

자신이 속한 모둠에서 개발할 사이버머니를 만들어 봅니다. 사이버머니는 실제 돈과 같은 역할을 할 수 있도록 다양한 기능을 갖추도록 만듭니다.

**1)** 모둠원과 상의하여 사이버머니의 이름을 짓습니다.

현재 인터넷 웹 사이트에서는 도토리, 별, 소라 등과 같은 것이 사이버머니의 이름으로 사용되고 있습니다. 은행잎, 다람쥐, 산토끼 등 예쁘고 특징 있는 것으로 사이버머니의 이름을 정합니다.

**2)** 사이버머니의 구체적인 모양을 그림으로 꾸며봅시다.

● 별, 도토리, 은행잎, 다람쥐 등 이름과 관련한 그림으로  디자인합니다.

● 사이버머니 뒷면에는 사용 방법을 기록합니다.

예) 사이버머니 사용 기간은 2년

**3)** 사이버머니를 사용할 때 부가적으로 얻을 수 있는 혜택에 대해서도 구체적으로 기록합니다.

예)  상품 10,000원 구입 시 사이버머니 100원 적립

# 04

자신이 속한 모둠에서 가상으로 그린 인터넷 쇼핑 사이트의 물품을 다른 모둠이 구입하도록 안내합니다.

**1)** 다른 모둠과 모의 화폐를 이용하여 쇼핑 사이트에 만든 물건을 판매하여 봅니다.

**2)** 물건 판매 후 사이버머니를 지급받고 사이버머니를 활용하여 다른 물건도 가상으로 구입하여 봅니다.

# 05

미래에 나타날 수 있는 사이버머니에는 어떤 것이 있을지 생각하여 만들어 봅니다.

### 여기서 잠깐 ⊘ – 이 활동의 목적

현재 운영되고 있는 인터넷 쇼핑 사이트에서 물건을 사거나 인터넷 게임 사이트에서 아이템을 구입하려면 실제 해당 회사에 돈을 지급해야 합니다. 결제 수단으로는 휴대 전화, 신용 카드, 계좌 이체, 일반 전화, 사이버머니 등 다양한 방법이 있습니다.

이번 활동은 대부분의 사이버머니가 공짜가 아니며, 실제로 현금을 지출하여 충전한 후 사용한다는 것을 깨닫게 하는 데 목적이 있습니다. 또한 사이버머니가 인터넷에서 어떻게 활용되고 있는지 개념을 파악하도록 하는 것이지, 초등학생들에게 사이버머니 사용을 권장하는 것이 아닙니다.

이 활동을 했다고 해서 인터넷을 이용하여 필요 없는 상품을 구입하지 않도록 합니다. 특히 게임 아이템을 실제로 구입하지 않도록 주의합니다. 만일, 실제로 휴대폰, 신용 카드 등으로 결제하여 게임 아이템을 구매하거나 사이버머니를 충전한다면, 그 금액을 고스란히 부모님이 내야 하겠지요! 사실 이러한 일 때문에 많은 문제가 발생하고 있으므로 주의합니다.

### 유의할 점

- 인터넷 게임 아이템을 실제로 구매하거나 사이버머니를 충전하는 일은 삼가도록 합니다.

## 생각해 보기

- 사이버머니와 실제로 시중에 사용하는 화폐는 무엇이 같으며 무엇이 다른지 생각해 봅니다.
- 사이버머니의 편리한 점은 무엇인지, 그리고 이를 바람직하게 사용하는 방법은 무엇인지 생각해 봅니다.
- 사이버머니를 사용할 때 발생하는 문제점은 무엇이며, 이를 예방하기 위한 방법은 무엇인지 생각해 봅니다.

 ## 읽을거리 – 다양한 형태의 사이버머니

사이버머니는 매우 다양한 종류가 있습니다. 앞에서 제시한 게임을 위한 사이버머니 외에도 여러 가지가 있습니다.

### 인터넷 서점

인터넷 서점에서는 판매하는 책 가격에 따라 할인 쿠폰과 포인트를 지급합니다. 이러한 할인 쿠폰과 포인트도 넓은 의미에서는 사이버머니에 포함된다고 할 수 있습니다.

인터넷 서점 교보문고 쿠폰

인터넷 홈쇼핑 사이트에서도 인터넷 서점과 마찬가지로 제품 구입 실적에 따라 포인트나 마일리지를 부여하여 사용하도록 하고 있습니다.

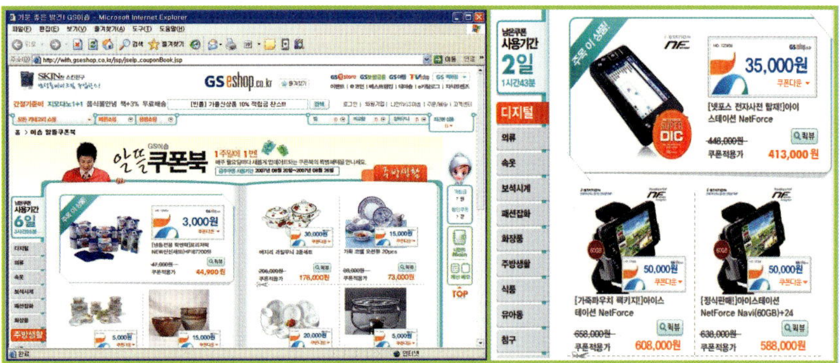

인터넷 홈쇼핑 GSeshop 쿠폰



마일리지 서비스 전문 사이트에서는 인터넷에서 일부 품목을 할인하거나 상품권을 지급하여 소비자가 저렴한 가격으로 물건을 구입하도록 하고 있습니다. 마일리지나 상품권도 넓은 의미의 사이버머니라고 할 수 있습니다.

## 생각 모으기 – 사이버머니

사이버머니는 웹(web)이라는 가상 공간에 존재하는 가상의 화폐입니다. 이러한 사이버머니는 여러 가지 장점을 지니고 있습니다. 마일리지, 쿠폰 등의 형태로 사용되어 물건을 싸고 저렴하게 구입하는 데 도움을 줍니다. 마일리지를 제공하는 기업 측에서도 회사에 대한 인식을 개선하거나 개발한 제품의 판매를 촉진하는 등 많은 장점을 활용하고 있습니다.

하지만, 사이버머니는 많은 문제점을 내포하고 있는 것이 사실입니다. 온라인 게임 사이트에서 사용하는 사이버머니나 아이템은 게임을 즐겁게 해주는 수단으로 개발되었지만, 점차 사이버머니나 아이템을 돈으로 사고팔게 되면서 많은 문제점이 생기게 되었습니다. 예를 들면, 게임 참여자의 등급(레벨)을 올려주는 필수 요건인 아이템을 구입하는 데 상당히 많은 돈을 온라인 게임에 사용하도록 함으로써 여러 가지 문제를 초래하게 하였습니다.

사이버머니는 정보화 사회를 풍요롭게 하는 데 매우 중요한 역할을 하며 우리 생활과도 관련성이 큽니다. 사이버머니가 가진 장점을 살리기 위해서는 사이버머니가 가진 특징을 잘 활용하여 장점만을 선택적으로 이용하는 태도와 노력이 필요합니다.

1000

카드 수수료
비싸……
어쩌구……
저쩌구……

EH0123456
천원
1000
1000

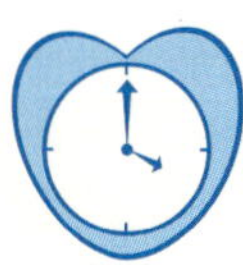

# 부록

※ 부록에 제시한 자료는 복사하여 사용하기 바랍니다.

# 거래 기록표

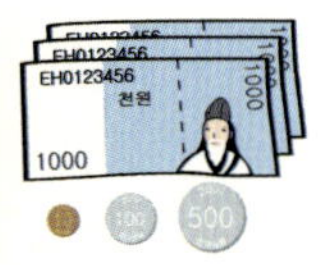

 **시장 들여다 보기의 결과를 다음 표에 기록하여 봅시다.**

| 활동 순서 | 경제 활동 내용 | 들어온 돈 | 나간 돈 | 남은 돈 |
|---|---|---|---|---|
| 1 | | | | |
| 2 | | | | |
| 3 | | | | |
| 4 | | | | |
| 5 | | | | |
| 6 | | | | |
| 7 | | | | |
| 8 | | | | |
| 9 | | | | |
| 10 | | | | |
| 놀이 후 느낀 점 | | | | |

# 모의 화폐

다음에 제시한 모의 화폐를 종류별로 오린 후 놀이에 활용해 봅시다.

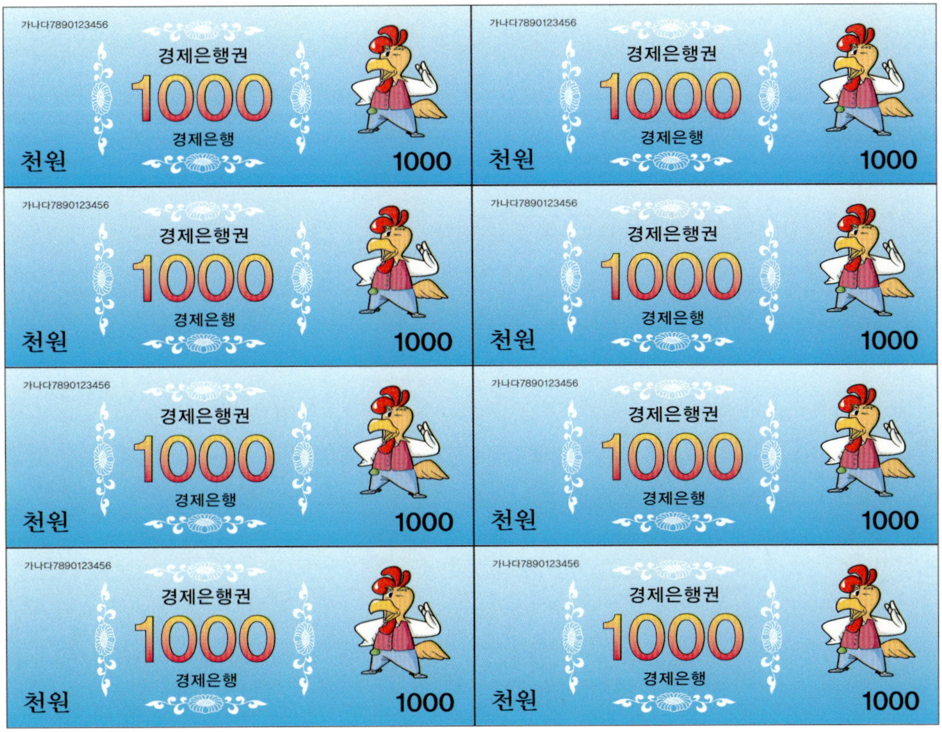

가나다7890123456
경제은행권
5000
경제은행
오천원
5000

가나다1234567890
경제은행권
10000
경제은행
만원
10000

# 통 장

📌 **다음에 제시하는 통장을 종류별로 오린 후 복사하여 활용해 봅시다.**

❶

꿈나무 은행 저축 통장

❷

계좌번호 : 꿈나무 ＿＿＿ - ＿＿＿ - ＿＿＿＿

예금주 : ＿＿＿＿＿＿＿＿＿＿＿＿

주민등록번호 : ＿＿＿＿＿＿＿＿＿

예금주 확인

❸ ＿＿＿은행 ＿＿＿지점

| 년 월 일 | 맡긴 돈 | 찾은 돈 | 이자 | 남은 돈 |
|---|---|---|---|---|
|  |  |  |  |  |
|  |  |  |  |  |
|  |  |  |  |  |

❹ ＿＿＿은행 ＿＿＿지점

| 년 월 일 | 맡긴 돈 | 찾은 돈 | 이자 | 남은 돈 |
|---|---|---|---|---|
|  |  |  |  |  |
|  |  |  |  |  |
|  |  |  |  |  |

❺ ＿＿＿은행 ＿＿＿지점

| 년 월 일 | 맡긴 돈 | 찾은 돈 | 이자 | 남은 돈 |
|---|---|---|---|---|
|  |  |  |  |  |
|  |  |  |  |  |
|  |  |  |  |  |

❻ ＿＿＿은행 ＿＿＿지점

| 년 월 일 | 맡긴 돈 | 찾은 돈 | 이자 | 남은 돈 |
|---|---|---|---|---|
|  |  |  |  |  |
|  |  |  |  |  |
|  |  |  |  |  |

❼ ＿＿＿은행 ＿＿＿지점

| 년 월 일 | 맡긴 돈 | 찾은 돈 | 이자 | 남은 돈 |
|---|---|---|---|---|
|  |  |  |  |  |
|  |  |  |  |  |
|  |  |  |  |  |

❽ ＿＿＿은행 ＿＿＿지점

| 년 월 일 | 맡긴 돈 | 찾은 돈 | 이자 | 남은 돈 |
|---|---|---|---|---|
|  |  |  |  |  |
|  |  |  |  |  |
|  |  |  |  |  |

# 경매 기록표

📌 경매로 물건 구입하기 놀이의 결과를 다음의 표에 기록하여 봅시다.

| 경매 순서 | 내가 준비한 물건(상품) | 경매 시작 가격 (단위 : 원) | 최종 경매 가격 (단위 : 원) | 이익과 손해 (단위 : 원) | 경매에 대한 만족도 |
|---|---|---|---|---|---|
| 1 | | | | | |
| 2 | | | | | |
| 3 | | | | | |
| 4 | | | | | |
| 5 | | | | | |
| 6 | | | | | |
| 놀이 후 느낀 점 | | | | | |

※ 경매에 대한 만족도는 매우 만족 : ◎, 만족 : ○, 불만족 : △으로 표시합니다.

# 홈 쇼핑 광고 대본

**홈쇼핑 놀이를 위한 광고 대본을 제작하여 봅시다.**

| 장면 번호 | 장면 그림 | 장면 설명 | 장면과 관련된 지문 및 대사 |
|---|---|---|---|
| # 1 | | | |
| # 2 | | | |
| # 3 | | | |
| # 4 | | | |
| # 5 | | | |
| # 6 | | | |

# 홈쇼핑 활동 소감문

 **홈쇼핑 놀이를 위한 활동 소감문을 제작하여 봅시다.**

| 모둠 이름 | | 모둠원 | |
|---|---|---|---|
| 광고한 제품 | 홈쇼핑 활동에 대한 나의 생각 | | |
| | | | |
| | | | |
| | | | |
| | | | |
| | | | |

# 용돈 기입장

 도전! 2,000원의 행복 놀이를 체험하며 용돈기입장을 기록해 봅시다.

| 활동 순서 | 월/일(요일) | 용돈 사용 내용 | 사용한 돈(원) | 남은 돈(원) |
|---|---|---|---|---|
| 1 | | | | |
| 2 | | | | |
| 3 | | | | |
| 4 | | | | |
| 5 | | | | |
| 6 | | | | |
| 7 | | | | |
| 8 | | | | |
| 9 | | | | |
| 10 | | | | |
| 놀이 후 느낀 점 | | | | |

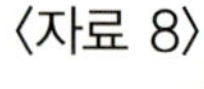

# 퀴즈! 문제은행

 도전! 경제퀴즈왕 놀이에 다음 문제를 활용하여 봅시다.

**01** 다음 중 미국 화폐 단위는 무엇일까요?

① 원(₩)  ② 달러($)  ③ 유로(€)

④ 엔(¥)  ⑤ 파운드(£)

**02** 다음 중 일본 화폐 단위는 무엇일까요?

① 원(₩)  ② 달러($)  ③ 유로(€)

④ 엔(¥)  ⑤ 파운드(£)

**03** 다음 중 우리나라 화폐를 발행하는 기관은 무엇일까요?

① 조폐공사  ② 한국산업은행  ③ 금융감독원

④ 재정경제부  ⑤ 코스닥 시장

정답 : 1②, 2④, 3①

**04** 다음 중 우리나라 통화 정책을 총괄하는 기관으로 '은행의 은행'으로 불리는 기관은 무엇일까요?

① 한국은행　　　② 한국산업은행　　　③ 금융감독원
④ 재정경제부　　⑤ 코스닥 시장


**05** 다음 중 돈의 범위에 들어가지 않는 것은 무엇일까요?

① 사이버머니　　② 화폐　　　　③ 수표
④ 영수증　　　　⑤ 마일리지 카드


**06** 실제로 물건을 구입할 수 있도록 인터넷상에서 거래하는 것은 무엇일까요?

① 쿠폰　　　　　② 화폐　　　　③ 수표
④ 영수증　　　　⑤ 사이버머니


**07** 물건을 살 때 발행하며 물건을 반품하거나 물건 값을 환불받을 때 반드시 필요한 것은 무엇일까요?

① 쿠폰　　　　　② 화폐　　　　③ 수표
④ 영수증　　　　⑤ 사이버머니

**08** 물건을 구입하고 그 실적에 따라 적립하는 성격을 가진 것으로 일정 금액 이상이 모이면 사용할 수 있는 돈의 종류는 무엇일까요?

① 쿠폰　　　　　② 마일리지 카드　　　　　③ 화폐
④ 지폐　　　　　⑤ 영수증

**09** 이것은 사용하기에 편리하지만, 분실할 경우 다른 사람이 사용할 수 있는 위험성이 있습니다. 또한 사용 돈을 갚지 못하면 신용 불량자가 될 수 있습니다. 현금 서비스를 제공하기도 하며, 한 달 후에는 자신이 사용한 금액만큼 돈을 입금해야 합니다. 이것은 무엇일까요?

① 신용카드　　　　　② 쿠폰　　　　　③ 화폐
④ 마일리지 카드　　　　　⑤ 영수증

**10** 한 달간 가정에서 생활비로 사용한 내역을 기록하는 것입니다. 주로 어머니께서 기록하곤 합니다. 식비, 연료비 등 다양한 항목이 있으며, 매일 기록해야 효과적입니다. 이것은 무엇일까요?

① 차계부　　　　　② 가계부　　　　　③ 용돈 기입장
④ 용돈 기록장　　　　　⑤ 용돈 출납부

**11** 최근 이러한 사람들이 증가하고 있습니다. 자신의 경제 능력보다 많은 돈을 사용하여 금융 거래나 경제 활동에 여러 가지 제한이 주어지는 사람들을 일컫는 말입니다. 이 용어는 무엇일까요?

**12** 적립식 펀드 상품의 하나로 부모님이 자녀의 이름으로 가입하여 그 자녀가 자기 용돈을 모아 직접 투자하도록 만든 금융 상품입니다. 나중에 목돈이 필요할 때 유용한 이 펀드 상품은 무엇일까요?

**13** 독일어인 'arbeit'에서 나온 말로 학생이나 직업인 등이 돈을 벌기 위해서 학업이나 본업 이 외에 부업으로 하는 일을 의미합니다. 이것은 무엇일까요?

**14** 최근 은행에서 제공하는 금융 서비스의 하나입니다. 이전에는 은행에서 제공하는 금융 서비스 중 보험 서비스는 제외되어 있었습니다. 그런데 최근 은행과 보험사가 업무 제휴를 함으로써 은행에서도 보험 상품을 다루게 되었습니다. 은행에서 보험사와 제휴하여 제공하는 이러한 금융 서비스를 무엇이라 할까요?

**15** 다음 중 일반 은행이 가진 기능이 아닌 것은 무엇일까요?
① 자금 대출　　　② 예금 입출금　　　③ 보험 서비스 제공
④ 신탁 업무　　　⑤ 화폐 발행

**16** 다음 중 세금과 관련이 깊은 기관은 어느 것인가요?

① 교육청　　　　② 국세청　　　　③ 경찰서

④ 시민단체　　　⑤ 우체국

**17** 물건을 사고팔 때 대부분 세금을 내어야 합니다. 하지만, 품목에 따라서 세금을 내지 않아도 되는 것이 있습니다. 이런 상품을 '＿＿＿'이라고 합니다. ＿＿＿에 알맞은 말은 무엇인가요?

**18** ＿＿＿은 5,000원 이상의 물건을 사고 값을 치를 때 발행받을 수 있으며, ＿＿＿을 발급받으면 연말 소득 공제 때 자신이 낸 세금을 돌려받는 등 여러 가지 다양한 혜택을 누릴 수 있습니다. ＿＿＿에 알맞은 말은 무엇인가요?

**19** 다음 중 영수증에 나타나있는 정보가 아닌 것은 무엇인가요?

① 물건을 구입한 가게 이름　　　② 구입한 물건 내용과 금액

③ 물건 개수　　　　　　　　　④ 물건에 부과된 세금

⑤ 물건 크기나 형태

**20** 한국은행에서 운영하고 있으며, 화폐와 금융을 주제로 한 곳으로 4개의 전시실과 기획전시실로 구성되어 있는 박물관은 무엇인가요?

정답 : 16 ②, 17 면세품, 18 현금영수증, 19 ⑤, 20 화폐 금융박물관

# 조사 활동 계획서

 **조사 학습을 위한 사전 학습 계획을 세워봅시다.**

| 기본 사항 | ❶ 조사하는 사람 :<br>❷ 조사 일시 :<br>❸ 조사 장소 :<br>❹ 조사 방법 : |
|---|---|
| 조사 학습 주제 | |
| 조사할 내용 | |
| 사전 조사 자료 | |
| 참고할 자료 및<br>인터넷 사이트 | |

# 조사 활동 보고서

 **조사 학습 계획에 따라 조사한 내용을 조사활동 보고서에 정리해 봅시다.**

| | |
|---|---|
| **기본 사항** | ❶ 조사한 사람 :<br>❷ 조사 일시 :<br>❸ 조사 장소 :<br>❹ 조사 방법 : |
| **조사 학습 주제** | |
| **조사한 내용** | 조사 / 기록한 자료<br><br><br>사진 자료 및 기타 그림 자료 |
| **활동 소감** | |

# 용돈 마련 계획서

 용돈 마련을 위해 필요한 계획을 세워서 실천하여 봅시다.

| 순위 | 용돈이 필요한 곳 | 금액(원) | 필요한 이유 | 마련 방법 | 부모님과의 계약 방법 |
|---|---|---|---|---|---|
| 1 | | | | | |
| 2 | | | | | |
| 3 | | | | | |
| 4 | | | | | |
| 5 | | | | | |
| 6 | | | | | |
| 7 | | | | | |
| 8 | | | | | |
| 9 | | | | | |
| 10 | | | | | |
| 합계 | | | | | |

# 가림출판사 · 가림M&B · 가림Let's에서 나온 책들

## 문 학

**바늘구멍** 켄 폴리트 지음 / 홍영의 옮김
신국판 / 342쪽 / 5,300원

**레베카의 열쇠** 켄 폴리트 지음 / 손연숙 옮김
신국판 / 492쪽 / 6,800원

**암병선** 니시무라 쥬코 지음 / 홍영의 옮김
신국판 / 300쪽 / 4,800원

**첫키스한 얘기 말해도 될까** 김정미 외 7명 지음
신국판 / 228쪽 / 4,000원

**사미인곡 上·中·下** 김충호 지음
신국판 / 각 권 5,000원

**이내의 끝자리** 박수완 스님 지음
국판변형 / 132쪽 / 3,000원

**너는 왜 나에게 다가서야 했는지** 김충호 지음
국판변형 / 124쪽 / 3,000원

**세계의 명언** 편집부 엮음
신국판 / 322쪽 / 5,000원

**여자가 알아야 할 101가지 지혜**
제인 아서 엮음 / 지창국 옮김 / 4×6판 / 132쪽 / 5,000원

**현명한 사람이 읽는 지혜로운 이야기** 이정민 엮음
신국판 / 236쪽 / 6,500원

**성공적인 표정이 당신을 바꾼다** 마츠오 도오루 지음
홍영의 옮김 / 신국판 / 240쪽 / 7,500원

**태양의 법** 오오카와 류우호오 지음 / 민병수 옮김
신국판 / 246쪽 / 8,500원

**영원의 법** 오오카와 류우호오 지음 / 민병수 옮김
신국판 / 240쪽 / 8,000원

**석가의 본심** 오오카와 류우호오 지음 / 민병수 옮김
신국판 / 246쪽 / 10,000원

**옛 사람들의 재치와 웃음** 강형중 · 김경익 편저
신국판 / 316쪽 / 8,000원

**지혜의 쉼터** 쇼펜하우어 지음 / 김충호 엮음
4×6판 양장본 / 160쪽 / 4,300원

**헤세가 너에게** 헤르만 헤세 지음 / 홍영의 엮음
4×6판 양장본 / 144쪽 / 4,500원

**사랑보다 소중한 삶의 의미**
크리슈나무르티 지음 / 최윤영 엮음 / 신국판 / 180쪽 / 4,000원

**장자-어찌하여 알 속에 털이 있다 하는가**
홍영의 엮음 / 4×6판 / 180쪽 / 4,000원

**논어-배우고 때로 익히면 즐겁지 아니한가**
신도희 엮음 / 4×6판 / 180쪽 / 4,000원

**맹자-가까이 있는데 어찌 먼 데서 구하려 하는가**
홍영의 엮음 / 4×6판 / 180쪽 / 4,000원

**아름다운 세상을 만드는 사랑의 메시지 365**
DuMont monte Verlag 엮음 / 정성호 옮김
4×6판 변형 양장본 / 240쪽 / 8,000원

**황금의 법** 오오카와 류우호오 지음
민병수 옮김 / 신국판 / 320쪽 / 12,000원

**왜 여자는 바람을 피우는가?** 기젤라 룬테 지음
김현성 · 진정미 옮김 / 국판 / 200쪽 / 7,000원

**세상에서 가장 아름다운 선물** 김인자 지음
국판변형 / 292쪽 / 9,000원

**수능에 꼭 나오는 한국 단편 33** 윤종필 엮음 및 해설
신국판 / 704쪽 / 11,000원

**수능에 꼭 나오는 한국 현대 단편 소설** 윤종필 엮음 및 해설
신국판 / 364쪽 / 11,000원

**수능에 꼭 나오는 세계단편(영미권)** 지창영 옮김
윤종필 엮음 및 해설 / 신국판 / 328쪽 / 10,000원

**수능에 꼭 나오는 세계단편(유럽권)** 지창영 옮김
윤종필 엮음 및 해설 / 신국판 / 360쪽 / 11,000원

## 건 강

**아름다운 피부미용법** 이순희(한독피부미용학원 원장)
지음 / 신국판 / 296쪽 / 6,000원

**버섯건강요법** 김병각 외 6명 지음
신국판 / 286쪽 / 8,000원

**성인병과 암을 정복하는 유기게르마늄**
이상현 편저 / 캬오 샤오키 감수 / 신국판 / 312쪽 / 9,000원

**난치성 피부병** 생약효소연구원 지음
신국판 / 232쪽 / 7,500원

**新 방약합편** 정도명 편역 / 신국판 / 416쪽 / 15,000원

**자연치료의학** 오홍근(신경정신과 의학박사 · 자연의학박사)
지음 / 신국판 / 472쪽 / 15,000원

**약초의 활용과 가정한방** 이인성 지음
신국판 / 384쪽 / 8,500원

**역전의학** 이시하라 유미 지음 / 유태종 감수
신국판 / 286쪽 / 8,500원

**이순희식 순수피부미용법** 이순희(한독피부미용학원 원장)
지음 / 신국판 / 304쪽 / 7,000원

**21세기 당뇨병 예방과 치료법** 이현철(연세대 의대 내과 교수)
지음 / 신국판 / 360쪽 / 9,500원

**신재용의 민의학 동의보감** 신재용(해성한의원 원장) 지음
신국판 / 476쪽 / 10,000원

**치매 알면 치매 이긴다** 배오성(백상한방병원 원장) 지음
신국판 / 312쪽 / 10,000원

**21세기 건강혁명 밥상 위의 보약 생식** 최경순 지음
신국판 / 348쪽 / 9,800원

**기치유와 기공수련** 윤한홍(기치유 연구회 회장) 지음
신국판 / 340쪽 / 12,000원

**만병의 근원 스트레스 원인과 퇴치** 김지혁(김지혁한의원 원장)
지음 / 신국판 / 324쪽 / 9,500원

**김종성 박사의 뇌졸중 119** 김종성 지음
신국판 / 356쪽 / 12,000원

**탈모 예방과 모발 클리닉** 장정훈 · 전재홍 지음
신국판 / 252쪽 / 8,000원

**구태규의 100% 성공 다이어트** 구태규 지음
4×6배판 변형 / 240쪽 / 9,900원

**암 예방과 치료법** 이춘기 지음
신국판 / 296쪽 / 11,000원

**알기 쉬운 위장병 예방과 치료법** 민영일 지음
신국판 / 328쪽 / 9,900원

**이온 체내혁명** 노보루 야마노이 지음 / 김병관 옮김
신국판 / 272쪽 / 9,500원

**어혈과 사혈요법** 정지천 지음
신국판 / 308쪽 / 12,000원

**약손 경락마사지로 건강미인 만들기** 고정환 지음
4×6배판 변형 / 284쪽 / 15,000원

**정유정의 LOVE DIET** 정유정 지음
4×6배판 변형 / 196쪽 / 10,500원

**머리에서 발끝까지 예뻐지는 부분다이어트**
신상만 · 김선민 지음 / 4×6배판 변형 / 196쪽 / 11,000원

**알기 쉬운 심장병 119** 박승정 지음
신국판 / 248쪽 / 9,000원

**알기 쉬운 고혈압 119** 이정균 지음
신국판 / 304쪽 / 10,000원

**여성을 위한 부인과질환의 예방과 치료** 차선희 지음
신국판 / 304쪽 / 10,000원

**알기 쉬운 아토피 119** 이승규 · 임승엽 · 김문호 · 안유일
지음 / 신국판 / 232쪽 / 9,500원

**120세에 도전한다** 이권행 지음
신국판 / 308쪽 / 11,000원

**건강과 아름다움을 만드는 요가** 정판식 지음
4×6배판 변형 / 224쪽 / 14,000원

**우리 아이 건강하고 아름다운 롱다리 만들기** 김성훈 지음
대국전판 / 236쪽 / 10,500원

**알기 쉬운 허리디스크 예방과 치료** 이종서 지음
대국전판 / 336쪽 / 12,000원

**소아과전문의에게 듣는 알기 쉬운 소아과 119** 신영규 · 이강우 ·
최성항 지음 / 4×6배판 변형 / 280쪽 / 14,000원

**피가 맑아야 건강하게 오래 살 수 있다** 김영찬 지음
신국판 / 256쪽 / 10,000원

**웰빙형 피부 미인을 만드는 나만의 셀프 피부건강**
양해원 지음 / 대국전판 / 144쪽 / 10,000원

**내 몸을 살리는 생활 속의 웰빙 항암 식품** 이승남 지음
대국전판 / 248쪽 / 9,800원

**마음한글, 느낌한글** 박완식 지음
4×6배판 / 300쪽 / 15,000원

**웰빙 동의보감식 발마사지 10분** 최미희 지음 / 신재용 감수
4×6배판 변형 / 204쪽 / 13,000원

**아름다운 몸, 건강한 몸을 위한 목욕 건강 30분** 임하성 지음

대국전판 / 176쪽 / 9,500원

**내가 만드는 한방생주스 60** 김영섭 지음
국판 / 112쪽 / 7,000원

**몸을 살리는 건강식품** 백은희 · 조창호 · 최양진 지음
신국판 / 384쪽 / 11,000원

**건강도 키우고 성적도 올리는 자녀 건강** 김진돈 지음
신국판 / 304쪽 / 12,000원

**알기 쉬운 간질환 119** 이관식 지음
신국판 / 264쪽 / 11,000원

**밥으로 병을 고친다** 허봉수 지음
대국전판 / 352쪽 / 13,500원

**알기 쉬운 신장병 119** 김형규 지음
신국판 / 240쪽 / 10,000원

**마음의 감기 치료법 우울증 119** 이민수 지음
대국전판 / 232쪽 / 9,800원

**관절염 119** 송영욱 지음
대국전판 / 224쪽 / 9,800원

**내 딸을 위한 미성년 클리닉** 강병문 · 이향아 · 최정원 지음
국판 / 148쪽 / 8,000원

**암을 다스리는 기적의 치유법**
케이 세이헤이 감수 / 카와키 나리카즈 지음
민병수 옮김 / 신국판 / 256쪽 / 9,000원

**스트레스 다스리기** 대한불안장애학회 스트레스관리연
구특별위원회 지음 / 신국판 / 304쪽 / 12,000원

**천연 식초 건강법** 건강식품연구회 엮음 / 신재용(해성한
의원 원장) 감수 / 신국판 / 252쪽 / 9,000원

**암에 대한 모든 것** 서울아산병원 암센터 지음
신국판 / 360쪽 / 13,000원

**알록달록 컬러 다이어트** 이승남 지음
국판 / 248쪽 / 10,000원

**불임부부의 희망 당신도 부모가 될 수 있다** 정병준 지음
신국판 / 268쪽 / 9,500원

**키 10cm 더 크는 키네스 성장법** 김양수 · 이종균 · 최형규 ·
표재환 지음 / 대국전판 / 316쪽 / 12,000원

**당뇨병 백과** 이현철 · 송영득 · 안철우 지음
4×6배판 변형 / 396쪽 / 16,000원

**호흡기 클리닉 119** 박성학 지음
신국판 / 256쪽 / 10,000원

## 역 학

**역리종합 만세력** 정도명 편저
신국판 / 532쪽 / 10,500원

**작명대전** 정보국 지음
신국판 / 460쪽 / 12,000원

**하락이수 해설** 이천교 편저
신국판 / 620쪽 / 27,000원

현대인의 창조적 **관상과 수상** 백운산 지음
신국판 / 344쪽 / 9,000원

**대운용신영부적** 정재원 지음
신국판 양장본 / 750쪽 / 39,000원

**사주비결활용법** 이세진 지음
신국판 / 392쪽 / 12,000원

컴퓨터세대를 위한 新 **성명학대전** 박용찬 지음
신국판 / 388쪽 / 11,000원

**길흉화복 꿈풀이 비법** 백운산 지음
신국판 / 410쪽 / 12,000원

새천년 **작명컨설팅** 정재원 지음
신국판 / 492쪽 / 13,900원

백운산의 **신세대 궁합** 백운산 지음
신국판 / 304쪽 / 9,500원

**동자삼 작명학** 남시모 지음 / 신국판 / 496쪽 / 15,000원

**구성학의 기초** 문길여 지음 / 신국판 / 412쪽 / 12,000원

**소울음소리** 이건우 지음 / 신국판 / 314쪽 / 10,000원

## 법률일반

여성을 위한 **성범죄 법률상식** 조명원(변호사) 지음
신국판 / 248쪽 / 8,000원

**아파트 난방비 75% 절감방법** 고영근 지음
신국판 / 238쪽 / 8,000원

**일반인이 꼭 알아야 할 절세전략 173선**
최성호(공인회계사) 지음 / 신국판 / 392쪽 / 12,000원

변호사와 함께하는 **부동산 경매** 최환주(변호사) 지음
신국판 / 404쪽 / 13,000원

혼자서 쉽고 빠르게 할 수 있는 **소액재판** 김재용 · 김종철 공저
신국판 / 312쪽 / 9,500원

"술 한 잔 사겠다"는 말에서 찾아보는 **채권 · 채무**
변환철(변호사) 지음 / 신국판 / 408쪽 / 13,000원

알기쉬운 **부동산 세무 길라잡이** 이건우(세무서 재산계장) 지음
신국판 / 400쪽 / 13,000원

알기쉬운 **어음, 수표 길라잡이** 변환철(변호사) 지음
신국판 / 328쪽 / 11,000원

**제조물책임법** 강동근(변호사) · 윤종성(검사) 공저
신국판 / 368쪽 / 13,000원

알기 쉬운 **주5일근무에 따른 임금 · 연봉제 실무**
문강분(공인노무사) 지음 / 4×6배판 변형 / 544쪽 / 35,000원

변호사 없이 당당히 이길 수 있는 **형사소송** 김대환 지음
신국판 / 304쪽 / 13,000원

변호사 없이 당당히 이길 수 있는 **민사소송** 김대환 지음
신국판 / 412쪽 / 14,500원

혼자서 해결할 수 있는 **교통사고 Q&A** 조명원(변호사) 지음
신국판 / 336쪽 / 12,000원

알기 쉬운 **개인회생 · 파산 신청법** 최재구(법무사) 지음
신국판 / 352쪽 / 13,000원

## 생활법률

**부동산 생활법률**의 **기본지식** 대한법률연구회 지음
김원중(변호사) 감수 / 신국판 / 480쪽 / 12,000원

**고소장 · 내용증명 생활법률**의 **기본지식** 하태웅(변호사) 지음
신국판 / 440쪽 / 12,000원

**노동 관련 생활법률**의 **기본지식** 남동희(공인노무사) 지음
신국판 / 528쪽 / 14,000원

**외국인 근로자 생활법률**의 **기본지식** 남동희(공인노무사) 지음
신국판 / 400쪽 / 12,000원

**계약작성 생활법률**의 **기본지식** 이상도(변호사) 지음
신국판 / 560쪽 / 14,500원

**지적재산 생활법률**의 **기본지식** 이상도(변호사) · 조의제(변리사) 공저 / 신국판 / 496쪽 / 14,000원

**부당노동행위와 부당해고 생활법률**의 **기본지식**
박영수(공인노무사) 지음 / 신국판 / 432쪽 / 14,000원

**주택 · 상가임대차 생활법률**의 **기본지식**
김운용(변호사) 지음 / 신국판 / 480쪽 / 14,000원

**하도급거래 생활법률**의 **기본지식**
김진흥(변호사) 지음 / 신국판 / 440쪽 / 14,000원

**이혼소송과 재산분할 생활법률**의 **기본지식**
박동섭(변호사) 지음 / 신국판 / 460쪽 / 14,000원

**부동산등기 생활법률**의 **기본지식**
정상태(법무사) 지음 / 신국판 / 456쪽 / 14,000원

**기업경영 생활법률**의 **기본지식**
안동섭(단국대 교수) 지음 / 신국판 / 466쪽 / 14,000원

**교통사고 생활법률**의 **기본지식**
박정무(변호사) · 전병찬 공저 / 신국판 / 480쪽 / 14,000원

**소송서식 생활법률**의 **기본지식**
김대환 지음 / 신국판 / 480쪽 / 14,000원

**호적 · 가사소송 생활법률**의 **기본지식**
정주수(법무사) 지음 / 신국판 / 516쪽 / 14,000원

**상속과 세금 생활법률**의 **기본지식**
박동섭(변호사) 지음 / 신국판 / 480쪽 / 14,000원

**담보 · 보증 생활법률**의 **기본지식**
류창호(법학박사) 지음 / 신국판 / 436쪽 / 14,000원

**소비자보호 생활법률**의 **기본지식**
김성천(법학박사) 지음 / 신국판 / 504쪽 / 15,000원

**판결 · 공정증서 생활법률**의 **기본지식**
정상태(법무사) 지음 / 신국판 / 312쪽 / 13,000원

**산업재해보상보험 생활법률**의 **기본지식**
정유석(공인노무사) 지음 / 신국판 / 384쪽 / 14,000원

## 처 세

성공적인 삶을 추구하는 여성들에게 **우먼파워** 조안 커너 · 모이라 레이너 공저 / 지창영 옮김 / 신국판 / 352쪽 / 8,800원

聽 **이익이 되는 말** 話 **손해가 되는 말** 우메시마 미요 지음 / 정성호 옮김 / 신국판 / 304쪽 / 9,000원

성공하는 사람들의 **화술테크닉** 민영욱 지음
신국판 / 320쪽 / 9,500원

**부자들의 생활습관 가난한 사람들의 생활습관**
다케우치 야스오 지음 / 홍영의 옮김
신국판 / 320쪽 / 9,800원

**코끼리 귀를 당긴 원숭이-히딩크식 창의력을 배우자**
강충인 지음 / 신국판 / 208쪽 / 8,500원

**성공하려면 유머와 위트로 무장하라** 민영욱 지음
신국판 / 292쪽 / 9,500원

등소평의 **오뚝이전략** 조창남 편저
신국판 / 304쪽 / 9,500원

**노무현 화술과 화법을 통한 이미지 변화** 이현정 지음
신국판 / 320쪽 / 10,000원

성공하는 사람들의 **토론의 법칙** 민영욱 지음
신국판 / 280쪽 / 9,500원

**사람은 칭찬을 먹고산다** 민영욱 지음
신국판 / 268쪽 / 9,500원

**사과의 기술** 김농주 지음
국판 변형 양장본 / 200쪽 / 10,000원

**취업 경쟁력을 높여라** 김농주 지음
신국판 / 280쪽 / 12,000원

**유비쿼터스시대의 블루오션 전략** 최양진 지음
신국판 / 248쪽 / 10,000원

**나만의 블루오션 전략 -화술편** 민영욱 지음
신국판 / 254쪽 / 10,000원

**희망의 씨앗을 뿌리는 20대를 위하여** 우광균 지음
신국판 / 172쪽 / 8,000원

**끌리는 사람이 되기위한 이미지 컨설팅** 홍순아 지음
대국전판 / 194쪽 / 10,000원

**글로벌 리더의 소통을 위한 스피치** 민영욱 지음
신국판 / 328쪽 / 10,000원

# 놀면서 배우는 경제

2007년 9월 10일 제1판 1쇄 발행

지은이/김솔
펴낸이/강선희
펴낸곳/가림출판사

등록/1992. 10. 6. 제4-191호
주소/서울시 광진구 구의동 57-71 부원빌딩 4층
대표전화/458-6451    팩스/458-6450
홈페이지  http://www.galim.co.kr
e-mail  galim@galim.co.kr

값  10,000원

ⓒ 김솔, 2007

저자와의 협의하에 인지를 생략합니다.



ISBN  978-89-7895-275-0  13370

자르는 선

가나다7890123456
경제은행권
5000
경제은행
오천원
5000
가나다7890123456
경제은행권
5000
경제은행
오천원
5000
가나다7890123456
경제은행권
5000
경제은행
오천원
5000
가나다7890123456
경제은행권
5000
경제은행
오천원
5000
가나다7890123456
경제은행권
5000
경제은행
오천원
5000
가나다7890123456
경제은행권
5000
경제은행
오천원
5000
가나다7890123456
경제은행권
5000
경제은행
오천원
5000
가나다7890123456
경제은행권
5000
경제은행
오천원
5000
가나다7890123456
경제은행권
5000
경제은행
오천원
5000
가나다7890123456
경제은행권
5000
경제은행
오천원
5000
가나다7890123456
경제은행권
5000
경제은행
오천원
5000
가나다7890123456
경제은행권
5000
경제은행
오천원
5000
가나다7890123456
경제은행권
5000
경제은행
오천원
5000
가나다7890123456
경제은행권
5000
경제은행
오천원
5000
가나다7890123456
경제은행권
5000
경제은행
오천원
5000
가나다7890123456
경제은행권
5000
경제은행
오천원
5000

자르는 선

경제은행권
10000
만원    경제은행    10000
가나다1234567890

자르는 선

| | |
|---|---|
| 가나다1234567890 경제은행권 **10000** 경제은행 만원 10000 | 가나다1234567890 경제은행권 **10000** 경제은행 만원 10000 |
| 가나다1234567890 경제은행권 **10000** 경제은행 만원 10000 | 가나다1234567890 경제은행권 **10000** 경제은행 만원 10000 |
| 가나다1234567890 경제은행권 **10000** 경제은행 만원 10000 | 가나다1234567890 경제은행권 **10000** 경제은행 만원 10000 |
| 가나다1234567890 경제은행권 **10000** 경제은행 만원 10000 | 가나다1234567890 경제은행권 **10000** 경제은행 만원 10000 |
| 가나다1234567890 경제은행권 **10000** 경제은행 만원 10000 | 가나다1234567890 경제은행권 **10000** 경제은행 만원 10000 |
| 가나다1234567890 경제은행권 **10000** 경제은행 만원 10000 | 가나다1234567890 경제은행권 **10000** 경제은행 만원 10000 |
| 가나다1234567890 경제은행권 **10000** 경제은행 만원 10000 | 가나다1234567890 경제은행권 **10000** 경제은행 만원 10000 |
| 가나다1234567890 경제은행권 **10000** 경제은행 만원 10000 | 가나다1234567890 경제은행권 **10000** 경제은행 만원 10000 |